Jacob Shepetinski • Die Jacobsleiter

P V E R
V A L A
E R N G
L A G O

Jacob Shepetinski

Die Jacobsleiter

Erinnerungen eines Shoah-
und Gulag-Überlebenden

Aus dem Russischen von Michael Anderau

P V E R
V A L A
E R N G
L A G O

Pano Verlag Zürich

Gedruckt mit freundlicher Unterstützung des Internationalen Bildungs- und Begegnungswerkes (IBB) Dortmund und Minsk.

Fotografien und Dokumente aus dem Privatbesitz von Jacob Shepetinski.

Die Originalausgabe ist unter dem Titel *Приговор* 2002 im Krugozor Verlag, Tel Aviv, erschienen.
© Jacob Shepetinski, Ramat Gan.

Satz:
Michael Anderau – www.sternenaugen.net

Umschlaggestaltung:
g : a   gataric ackermann   visuelle gestaltung   www.g-a.ch
unter Verwendung einer Fotografie von Jacob Shepetinski

Druck:
ROSCH BUCH GmbH, Scheßlitz

Die Deutsche Bibliothek – Bibliographische Einheitsaufnahme

Die Deutsche Bibliothek verzeichnet diese Publikation in der Deutschen Nationalbibliographie; detaillierte bibliographische Daten sind im Internet über <http://dnb.ddb.de> abrufbar

ISBN 978-3-907576-78-6
© 2005 Pano Verlag Zürich
2. Auflage 2005
www.pano.ch

Meiner Frau Lucy
Meinen Kindern und Enkelkindern

Inhalt

Jakob aber blieb allein zurück. Da rang ein Mann mit ihm, bis die Morgenröte anbrach. Als der sah, dass er ihn nicht zu überwältigen vermochte, schlug er ihn auf das Hüftgelenk. Und Jakobs Hüftgelenk wurde verrenkt, als er mit ihm rang. Und er sprach: Lass mich los; die Morgenröte bricht an. Aber er antwortete: Ich lasse dich nicht, du segnest mich denn. Er sprach zu ihm: Wie heissest du? Er antwortete: Jakob. Da sprach er: Du sollst nicht mehr Jakob heissen, sondern Israel. Denn du hast mit Gott und mit Menschen gestritten und hast obgesiegt.

Und als er an Pniel vorüber war, ging die Sonne auf; er hinkte aber an der Hüfte.

Genesis, 32, 24–28; 31

Das Tal der Tränen

Im Alter von achtundzwanzig Jahren verschlug mich das unerbittliche Schicksal nach Laksija, dem »Tal der Tränen«, einem zentralen Straflager im nördlichen Ural. Zwei Jahre zuvor hatte mich das Kriegsgericht der Truppen des sowjetischen Innenministeriums verurteilt. Laut dem Urteil vom 28. Oktober 1946 hatte ich dort meine Strafe abzusitzen. Mir wurde für zehn Jahre die Freiheit entzogen, mit Aberkennung der Bürgerrechte für weitere fünf Jahre, Artikel 19-58-1B UK RSFSR: versuchter Landesverrat.

Schon der Name dieses Ortes – Laksija – rief sogar bei den erfahrenen Sträflingen Angst hervor. Als ich mich in diesem »Tal der Tränen« wiederfand, zeigte sich, dass alle Gerüchte und Erzählungen über diesen Ort aufs Genaueste zutrafen. Dieses Lager war ein Straflager für Schwerverbrecher. Es befand sich 600 Kilometer nördlich von Swerdlowsk. Wie die Sträflinge sagten: »Wir haben einen merkwürdigen Planeten hier: elf Monate Winter, die restliche Zeit Sommer.«

In diesem Straflager gab es eine Zentrallagerstelle, und ich, Jacob, sollte genau dorthin geraten … Glück gehabt! Dreihundert hungrige Gefangene schliefen in einer Baracke. Die Hauptarbeit: holzfällen. Distanz zum Arbeitsplatz: etwa acht Kilometer. Dorthin gingen Kolonnen von je hundert Menschen auf einer schneebedeckten Strasse. Es war verboten, miteinander zu sprechen, das Verlassen des Arbeitsortes wurde als Fluchtversuch gewertet, und die Wachsoldaten schossen ohne Warnung. Viele Sträflinge nutzen dies zur Selbsttötung, wenn sie sich das Leben nehmen wollten.

Die Arbeit als Holzfäller war schwer, die Ruhepausen waren kurz, das Essen einem Straflager entsprechend. Nach der Arbeit schleppten wir müden Sträflinge uns in gleicher Ordnung wieder ins Lager zurück. Echte Zwangsarbeit! Nachdem ich eine Woche gearbeitet hatte, dachte ich, dass das Ende nahte und es keine Rettung gäbe. Doch an einem der Abende nach dem

11

»Abendessen«, ich lag noch angezogen auf der Pritsche, hörte ich die Rufe des Diensthabenden:

»Alle Brigadeführer zur Versammlung!«

Und ich erinnerte mich in diesem Moment an den jüdischen Sträfling Nachman Chait, den ich kennen gelernt hatte, als unsere Gruppe im Lager angekommen war. Er hatte mir gesagt:

»Sieh zu, dass du nur zu leichten Arbeiten im Lager eingeteilt wirst. Es ist nicht wichtig, als was du arbeitest, als Rechnungsführer, Schneider, Brigadeführer oder als Magazinarbeiter! Einfach nicht als Holzfäller – da kommst du um! Das halten die gesündesten Typen nicht länger als ein halbes Jahr durch ...«

Ohne zu zögern, kroch ich von der Pritsche und schleppte mich zur Versammlung. Wenn sie mich fragten, würde ich sagen, ich sei in der vorherigen Strafkolonie Brigadeführer gewesen.

Ich ging mit den anderen hinein und setzte mich zuhinterst in den grossen Raum. Ich überlegte: Ich, Jacob Shepetinski, gebürtig aus der Kleinstadt Slonim im Westen Weissrusslands, der die deutsche Besetzung überlebt hat, dann bei einer Partisaneneinheit gelandet ist, danach an der Front, der fast alle Verwandten und Freunde verloren hat – bin ich tatsächlich ein Sträfling? Nein, nicht aufgeben – ich muss mich zusammenreissen!

In diesem Moment traten der Chef der Strafkolonie, Unteroffizier Didur, und der Betriebsleiter Michajlenko ein. Die Versammlung begann mit der Kontrolle der Planerfüllung durch die Arbeitsbrigaden. Etwa eine Stunde verging mit Wortgefechten: von den Vorgesetzten Kritik und Verweise – von den Untergebenen Versprechungen und Bitten. Die Reihe kam an eine Brigade, die seit einigen Tagen überhaupt nicht mehr arbeitete, da die Sträflinge die Arbeit verweigerten.

»Was ist denn da los?«, fragte Didur streng.

Der Brigadeführer erhob sich und sagte laut:

»Sie wollen nicht arbeiten, und ich weigere mich, diese Brigade zu führen.«

Alle verstummten. Plötzlich sagte der Chef:

»Wer nimmt diese Brigade?«

Ich richtete mich auf vor Anspannung. Im Saal war es still. Jäh schoss mir durch den Kopf: Das ist meine Chance! Ich stand auf, hob die Hand und rief überzeugt:

»Ich nehme sie!«

Alle Augen richteten sich auf mich.

»Und wer bist du?«, fragte Didur.

»Ich bin der Neue hier, der Brigadeführer.«

»Und du bist dir sicher, dass diese Brigade arbeiten wird?«

»Das bin ich. Bei mir arbeiten alle!«

Lautes Gelächter im Saal, aber der Vorgesetzte fragt ernst:

»Und wenn nicht?«

»Ausgeschlossen. Bei mir arbeiten alle.«

Wahrscheinlich brachte mein überzeugter Ton den Vorgesetzten ins Wanken.

Ich aber fuhr fort:

»Erlauben Sie mir, mit diesen Leuten zu reden.«

Ohne zu antworten, befahl der Vorgesetzte dem Diensthabenden:

»Bringe ihn zur BVB!« Und zu mir gewandt: »Ich sag dir eins, mein Lieber, dieser Ort wird nicht umsonst Tal der Tränen genannt.«

Als ich BVB hörte, zuckte ich zusammen. Aber es war zu spät, um sich aus der Sache zu ziehen. BVB steht für »Baracke mit verschärften Bedingungen«. In ihr waren die schlimmsten Sträflinge untergebracht: solche, die offen Widerstand leisteten, dann die »Zakonniki«* und die, welche lange Haftstrafen absassen.

---

* Zakonniki (»Gesetzestreue«): Häftlinge, die sich an einen Ganovenkodex halten, dessen Gesetze anerkennen und sich im Lager innerhalb dieses Systems bewegen.

Wir traten in die Baracke, und der Diensthabende stellte mich vor:

»Das ist euer neuer Brigadeführer.«

In der Baracke schliefen oder dösten etwa zwanzig Sträflinge auf den Pritschen. Nach den Worten des Diensthabenden standen alle auf und stellten sich in einem Halbkreis vor mir auf. Ich wartete nicht:

»Jungs, ich bin euer neuer Brigadeführer. Morgen gehen wir alle zur Arbeit.«

Als Antwort war in der Baracke allgemeines Gelächter zu hören. Ein gross gewachsener Sträfling trat dicht an mich heran, offensichtlich der Anführer, sie nannten ihn Andreew, mit dem Spitznamen Tschuwasch.

»Hör mal, Stutzer, du kannst uns am Arsch lecken.«

Ich antwortete ihm:

»Jungs, ich habe euch gesagt, dass ihr arbeiten g e h e n müsst. Das heisst nicht, dass ihr arbeiten müsst!«

Auf einen Schlag wurde es still. Und ich fuhr fort:

»Wenn ihr Lust habt, dann arbeitet ihr, wenn nicht, dann setzt ihr euch ums Feuer und plaudert. Auch ich weiss ein paar gute Geschichten.«

Ringsum verstummten alle, sie liessen von mir ab. Ich bemühte mich, ruhig und selbstsicher zu wirken. Tschuwasch kam erneut zu mir und fragte:

»Nach welchem Artikel?«

Ich antwortete ihm, dass ich nach Artikel 19-58 einen Zehner bekommen hatte und einen Fünfer obendrauf.

»So steht's also«, sagte der Anführer.»Wir kommen mit, … aber wenn du uns verarschst, gibt's das Handtuch.«

Im Gefangenenjargon bedeutete das, dass man mit einem Handtuch erstickt wurde, ohne dass dabei Spuren entstanden.

»Das Wort ist Gesetz«, antwortete ich.

»Es gibt eine Bedingung«, sagte Tschuwasch plötzlich friedfertig.»Wir sind schlecht bekleidet. Siehst es ja selbst. Sie sollen uns noch ungebrauchte Winterkleider geben.«

14

Ich ging schnell zum Lagerleiter zurück und meldete: »Herr Lagerleiter, alles in Ordnung. Alle werden zur Arbeit gehen! Aber man muss sie anziehen. Die gehen alle nur noch in Lumpen.«

Er schaute mich ungläubig an und sagte drohend: »Gut, geben wir. Aber wenn die Brigade nicht zur Arbeit geht, dann werde ich dich ... wie ein Stück Scheisse!« Er ballte die Faust.

Am Morgen stand die ganze Brigade vollzählig am Wachposten. Wir warteten, bis wir mit der Werkzeugausgabe an der Reihe waren. Alle schauten uns erstaunt an. Ich bemerkte den Lagerleiter und den Betriebsleiter beim Tor. Alles in Ordnung. Sie waren zufrieden. Wir machten uns auf den Weg. Vor uns lagen mehr als sieben Kilometer verschneiter Strasse.

Unsere Aufgabe war, die bearbeiteten Parzellen zu säubern, wo der Wald schon abgeholzt war. Das Plansoll der Brigade: 20 Kubikmeter Brennholz pro Tag. Die Äste und Abfälle mussten wir verbrennen.

Drei Soldaten bewachten uns. Es war ein offener Platz. Ich selbst hatte ihnen ein Feuer gemacht – meinen Jungs von der Brigade war es »gesetzlich« untersagt, sich um die Wachen zu kümmern.

Das Feuer wurde angezündet, und alle versammelten sich darum. Gespräche, Erzählungen, Fabeln – und so verging der Tag.

Ein Wintertag ist kurz. Wir traten an, zurück ins Lager. So verstrichen etwa zehn Tage. Ich erstattete Bericht, dass wir etwa 25 Kubikmeter Brennholz verarbeitet hätten, was bedeutete, dass wir den Plan zu 120 Prozent erfüllt hatten. Im Gegenzug erhielten wir eine grössere Essensration. Diese Ordnung gefiel allen. Meine Brigade begann mich zu achten, der Lagerleiter war mit mir zufrieden. Es gab keine Arbeitsverweigerer. Ich dachte mir, was kommt, das kommt. Und da, nach zehn Tagen, bemerkte ich den Betriebsleiter auf einem Pferd, der sich meinem Zug näherte. Ich wurde gerufen.

»Und, wie läuft's mit der Arbeit, Shepetinski?«

»Alles in Ordnung, Herr Lagerleiter, die Jungs machen gerade Pause«, antwortete ich.

»Gut gemacht!« Er nahm aus einer Kartentasche ein Blatt Papier. »Hör mal, ihr habt schon mehr als zweihundert Kubikmeter Brennholz produziert. Wo habt ihr es gestapelt?«

Ich, voller Erstaunen:

»Sieht man das nicht? Wir verbrennen es.«

Ohne ein Wort stieg er auf sein Pferd und ritt davon.

Ich kehrte zu meinen Jungs zurück und erzählte den Vorfall. Allerseits wildes Gelächter. Tschuwasch kam zu mir:

»Jascha, kein Grund zur Beunruhigung. Wir werden dich nicht im Stich lassen. Wir denken uns was aus.«

Als wir in die Zone zurückkamen, flüsterte er mir zu:

»Bitte um Vergrösserung der Brigade auf vierzig Mann. Piskun, der Normbeaufsichtiger, wird dir dabei helfen.«

Man stelle sich meine Laune vor. Ich dachte, das war's, Ende, aus! Der Aufseher wartete schon im Dienstzimmer auf mich.

»Zum Chef!«

Ich war noch nicht im Büro, als dieser sich erhoben hatte, mit der Faust auf den Tisch schlug und zu brüllen begann:

»Ich wusste es doch: Du bist ein Vaterlandsverräter, ein Schurke, ein Saboteur!«

Ich wollte etwas erwidern, aber liess es besser bleiben. Wie angewurzelt stand ich da. Und plötzlich setzte er sich wieder und schwieg. Ich fürchtete, dass er mich rausschmeissen würde, und begann leise zu sprechen:

»Herr Lagerleiter, erlauben Sie mir, das zu erklären. Sie kennen doch diese Leute. Glauben Sie denn wirklich, dass man sie innerhalb zweier Wochen ändern kann? Geben Sie mir noch Zeit, sagen wir einen Monat. Ich verspreche Ihnen, dass sie Ertrag erarbeiten werden. Wäre es denn besser, wenn sich die Liste der Arbeitsverweigerer in der BVB verlängerte?«

Ich wusste, dass das bei ihm eine verwundbare Stelle war.

16

Täglich mussten die Arbeitsverweigerer gemeldet werden. Ich bemerkte, wie sein Atem sich wieder beruhigte, und als er nichts erwiderte, sagte ich noch:

»Herr Lagerleiter, ich bitte Sie um Erlaubnis, die Brigade auf vierzig Mann zu vergrössern.«

Er stand auf, schaute mir direkt in die Augen, packte mich an den Schultern und schob mich hinaus. Lange musste ich nicht warten. Der Aufseher rief mich her:

»Der Chef erlaubt, die Brigade auf vierzig Mann zu vergrössern. Soll ich sie benennen, oder gibst du mir eine Liste?«

»Eine Liste. Ich bereite sie vor.«

Ich setzte mich schnell mit Tschuwasch in Verbindung und erzählte ihm alles. In der Zone verbreitete sich das Gerücht, dass ich weitere zwanzig Arbeiter suchte. Ich kannte den Grund zwar nicht, aber es gab viele Interessenten. Man sagte, der Brigadeführer sei »ein Mensch«, die Arbeit erträglich, kurz: Er mache einen nicht fertig. Am Abend hatte ich die Liste eingereicht.

Iwan Romanowitsch Piskun, den Normbeaufsichtiger, kannte ich nur oberflächlich. Wir trafen uns jeden Abend, wenn wir die verrichtete Arbeit rapportierten. Wir freundeten uns schnell an. Er war früher Stellvertreter des Volkskommissars für Bildung der UdSSR. Aus Kiew. Während des Krieges wurde er einberufen, kam in diese Gegend, schaffte es aber wie durch ein Wunder, wieder herauszukommen. Draussen wartete eine Tragödie auf ihn: Gefängnis, Gericht. Vaterlandsverrat, zehn Jahre. Ich erzählte ihm offen von meinen Problemen.

Er billigte meine Entscheidung zur Vergrösserung der Brigade – das hiess, der Rat von Tschuwasch war brauchbar.

»Weisst du, Jascha«, sagte er, »wenn du mir die Empfangsbestätigung vom oberen Lagerhaus bringst, dass sie 20 Kubikmeter Brennholz bekommen haben, bekommst du von mir 50 Kubikmeter.«

Das löste mein Problem vollständig. Mehr als die Hälfte der

Brigade arbeitete verhältnismässig locker. Die »Zakonniki« sassen am Feuer. Alle erhielten die maximale Essenszulage für Übererfüllung des Plansolls. Der Leiter der Straflager von Iwdel, in denen 1500–2000 Sträflinge lebten, der Unteroffizier Didur, war auch zufrieden. Sein Verhältnis zu mir hatte sich völlig verändert. Das sich verbreitende Gerede über unsere Brigade besagte, dass alle Mitglieder der Brigade zufrieden wären. Dem Normbeaufsichtiger vergassen sie seine Hilfe nicht. Ich dankte dem Schicksal dafür, dass ich Nachman Chait getroffen hatte, für seinen Rat, mit dem ich so viel Erfolg hatte.

Es schien so, also ob ich hier in Ruhe das Ende meiner Haftstrafe abwarten könnte. Aber nun kam das Durchlebte wieder hoch, es war einfach nicht abzuschütteln. Nachts wachte ich auf, ging mit allen anderen zu dieser Lichtung, zum Massengrab ... die schreckliche Tragödie unserer Familien, unseres Volkes vor meinen Augen. Sobald ich mehr freie Zeit hatte, begann ich alles nochmals von vorne zu durchleben. Ich kehrte zurück zu den Ereignissen, die sieben Jahren zuvor begonnen hatten ...

I

Von einer Sekunde zur nächsten ist alles anders

Samstag, 21. Juni 1941. Ein warmer, sonniger Sommertag. Nachmittag. Esther und ich spazierten durch die überfüllten Parks von Bialystok. Wir kannten einander schon zwei Jahre, arbeiteten zusammen in der Genossenschaft »Einheit«, ich als Chefbuchhalter, sie als Rechnungsführerin. Sie war aus Lomscha gebürtig, und wir hatten ernsthafte Pläne, die Zukunft miteinander zu verbringen.

Sie hatte ein schönes, rundes Gesicht, grosse hellblaue Augen ... und überhaupt, ich war verliebt. Sie war achtzehn Jahre alt, und ich war schon über zwanzig.

Es waren fast zwei Jahre vergangen, seit der Zweite Weltkrieg ausgebrochen war. Damals wohnte ich noch in meiner Geburtsstadt Slonim (das zu der Zeit zu Ostpolen gehörte) und hatte ein Jahr zuvor das Gymnasium abgeschlossen. Es war eine schwierige Situation – unmöglich, die Ausbildung fortzusetzen und eine schlechte Stimmung.

Die Haltung der polnischen Regierung und Öffentlichkeit uns Juden gegenüber hatte sich seit dem Münchener Abkommen 1938 laufend verschlechtert. Besonders nach der Besetzung der Tschechoslowakei, an deren Aufteilung Polen teilgenommen hatte.

Wir hatten am Radio die Reden von Goebbels gehört, Hitlers »Mein Kampf« gelesen. Die Haare standen uns zu Berge ob des Gehörten und Gelesenen. Doch es gab kein Entrinnen – die sowjetische Grenze war geschlossen, der Westen nahm uns nicht auf, und eine Ausreise nach Palästina war so gut wie unmöglich. Für Letzteres brauchte man eine englische Bescheinigung, und nur einige reiche Familien konnten so ausreisen. Und plötzlich, am 1. September 1939, war Krieg! Die Deutschen waren in Polen eingefallen und schnell Richtung Osten vorgedrungen. Am 17. September war Warschau eingekreist. Unsere Stadt, Slonim, war von Flüchtlingen überfüllt. Sie hatten sich hierher durchgeschlagen in der Hoffnung, dass die Deutschen nicht bis zu uns kommen würden. Am 19. September hörten wir im Radio, dass die Deutschen schon am Fluss Bug stünden, dass sie Brest-Litowsk eingenommen hätten – 200 Kilometer von uns entfernt.

Jacob und seine Geschwister, 1932: Herzl, Ruben, die Schwester Raja und Jacob (v. l. n. r.). Die beiden jüngeren Brüder, Echiel und Uri, sind noch nicht auf der Welt.

Panik, wir wussten nicht, was tun. Wir konnten nirgendwohin fliehen. Und da, um drei Uhr nachts, hörten wir ein Getöse. Das konnten doch nicht die Deutschen sein? In den Nachrichten hiess es, dass sie erst bis Brest vorgedrungen waren. Bewegten sie sich wirklich so schnell fort? Voller Angst schauten wir aus dem Fenster und sahen die vorbeirollenden Panzer. Doch plötzlich strömten alle ohne Ausnahme auf die Strasse, wir fielen uns in die Arme, küssten uns – wir waren gerettet! Wir hatten die Deutschen erwartet, und gekommen war die Rote Armee. Drei Stunden lang bewegte sich eine ununterbrochene Kette von Panzern an uns vorbei gegen Westen. Dann kam die Infanterie, Reihe um Reihe, ohne enden zu wollen. Sie sangen bekannte Lieder. Unter den Soldaten konnten wir Juden erkennen. Unsere Freude kannte keine Grenzen.

Wie von selbst waren wir zu Bürgern der UdSSR geworden, zu Bürgern eines starken Landes, welches ein Bündnis und eine Freundschaft mit Deutschland hatte. Jetzt konnte alles kommen, nur kein Krieg mehr. Natürlich gab es viele Probleme, aber das Wichtigste war, dass Nazideutschland nicht daran denken würde, ein sowjetisches Land anzugreifen. Erstens wegen des Nichtangriffspaktes, zweitens waren wir jetzt nicht mehr nur Polen, sondern eine Grossmacht.

Im Westen aber war Krieg. Schnell gerieten grosse Teile Europas unter deutsche Besetzung oder Einfluss. Aber bei uns war es ruhig. Allerdings gelangten die ganze Zeit Gerüchte über die grausame Behandlung der Juden zu uns, über obligatorisches Tragen eines »gelben Sterns« und über irgendwelche Lager. Ich muss zugeben, dass wir das nicht wirklich glaubten. Denn in der sowjetischen Presse und im Radio rühmten sie den deutschen Verbündeten, es wurden keinerlei Repressionen oder Greueltaten berichtet. Überdies war es sehr gefährlich, laut darüber zu sprechen. Es gab Fälle von Verhaftungen wegen Verbreitung von unwahren, Unruhe auslösenden Gerüchten.

Ich fuhr nach Lemberg, legte mein Examen ab und wurde damit an die Universität aufgenommen. Aber ein halbes Jahr später bat mein Vater mich dringend, nach Hause zu kommen: »Du musst der Familie helfen. Du kannst die Universität noch in einigen Jahren abschliessen. Es gibt dreimonatige Kurse zum Chefbuchhalter. Du brauchst jetzt eine gut bezahlte Arbeit ...«

Nachdem ich den Kurs mit Bestnote abgeschlossen hatte, trat ich in Bialystok in der Genossenschaft »Einheit« eine Stelle an. In Bialystok lebte auch meine Tante Zilja, was mein Wohnproblem löste. Zufrieden, mit gutem Gehalt und wenig Ausgaben half ich meiner Familie. Und ich lernte Esther kennen.

An diesem Samstagabend machte ich also mit Esther einen Spaziergang bis spät in die Nacht. Am Gartentor bei ihrem Haus verabschiedeten wir uns, und ich wartete, bis sie schnellen Schrittes ins Haus gegangen war. Bei mir zu Hause trat ich leise ein, um meine Tante und ihre Familie nicht aufzuwecken Ich schlief sofort ein.

Es war Sonntag, der 22. Juni 1941, ungefähr ein Uhr. Heftige Explosionen warfen mich aus dem Bett. Das Zimmer war voll von Glasscherben. Ich war sofort auf den Beinen und begriff gar nichts, war völlig überrumpelt. Das ganze dreistöckige Haus wurde erschüttert. Vor Schreck musste ich mich überge-

Die Eltern: Hanna und Itzak Shepetinski, 1927.

ben. Mit dem Kissen über dem Kopf rannte ich in den Hof hinaus. Ich musste auf die Toilette. Alle Bewohner des Hauses standen halbnackt im Hof, es herrschte allgemeine Panik. Schreie von allen Seiten, alle suchten ihre Angehörigen. Die Explosionen hielten an. Das dauerte ungefähr zehn Minuten. Es stellte sich heraus, dass der Bahnhof bombardiert wurde, der sich etwa 200 Meter von uns entfernt befand. Die Bombardierung dauerte mit einigen Unterbrechungen bis fünf Uhr früh.

Es gab keinen Zweifel, nun herrschte Krieg. Unser Nachbar, Hauptmann in der Roten Armee, rief:»Keine Angst! Das ist nur Geschwätz! Das sind Manöver!« Was für Manöver? Es gab Tote und Verletzte, die Läden wurden geplündert. Am Morgen lief ich zum Kriegskommissariat, denn ich war Kadett, und auf der Tafel stand die Information:»Alle Kadetten haben sich selbständig nach Osten zu evakuieren.« Und das sollten Manöver sein? Ich lief zu Esther:»Komm, wir gehen zusammen nach Slonim zu meiner Familie, das ist nur 200 Kilometer

Die Grossfamilie Shepetinksi am Hochzeitstag eines Onkels, Sommer 1938. In der mittleren Reihe Herzl (1. v. l.), die Mutter und der Vater (3. und 6. v. l.), in der vorderen Reihe Jacob (1. v. l.) und Raja (4. v. l., halb liegend).

weiter östlich.« Sie antwortete:»Fahr du, ich komme später mit meiner Familie nach.« Mit dem gleichen Vorschlag rannte ich zu meiner Tante, aber sie:»Jascha, fahr du, wir bleiben erstmal hier. Vielleicht geht alles vorüber, denn im Radio sagen sie nichts von Krieg.«

Erst um zwölf Uhr mittags Moskauer Zeit verkündete Molotow: Krieg. Dann kam seine berühmte Rede über den Vertragsbruch und den verräterischen Überfall von Nazideutschland:»Der Feind wird zerschlagen, unsere Sache ist gerecht, der Sieg ist unser!«

Schön und gut, aber ich musste schnell nach Slonim gelangen. Der Bahnhof war zerstört, es fuhren keine Züge mehr. Ich hatte nur einen Wunsch – nach Hause zu meiner Familie. Schnell packte ich meine Habseligkeiten in meine Reisetasche, die Dokumente in meine Jackentasche und rannte zur Strasse, die nach Osten führte. Ein Auto nach dem anderen, überladen mit Möbeln und anderem Plunder, darauf die Familienmitglieder. Ich versuchte hinaufzuklettern, doch sie schlugen einem auf die Hände.

»Wohin willst du?«

Da tauchte ein kleiner Lastwagen auf, ein Mann hinter dem Steuer, drei Kinder in der Kabine, zwei Frauen mit den Sachen auf der Ladefläche.

»Nehmt mich mit, ich werde mich auf dem Weg als nützlich erweisen!«, rief ich den Frauen zu.

Ohne die Antwort abzuwarten, stieg ich auf. Wir fuhren. Nach einer Stunde hatten wir Bialystok hinter uns gelassen. Wir bewegen uns Richtung Osten. Auf den Strassen herrschte das totale Chaos. Armee-Einheiten bewegen sich in verschiedene Richtungen. Infanterieeinheiten nach Osten und Artillerieeinheiten nach Westen. Am Abend näherten wir uns Wolkowysk. Alles in Flammen. Wir umfuhren es und weiter nach Osten. Gegen Morgen meine Heimatstadt. Ich sprang ab, bedankte mich und rannte nach Hause. Mit Herzklopfen näherte ich mich, klopfte an die Tür.

»Wer ist da?«

»Mama, ich bin's!«

Mein Glück, als die Tür geöffnet wurde, kann man sich kaum vorstellen: Tränen, Umarmungen. Alle waren sie zu Hause: Hanna, meine Mama, Itzak, mein Vater, meine Brüder Herzl, Ruben, Echiel, Uri und meine Schwester Raja.

»Mein Sohn, das war richtig von dir, nach Hause zu kommen. In dieser schweren Zeit muss die ganze Familie zusammenhalten«, sagte mein Vater. »Wir wussten nicht, was wir glauben sollten. Wir hörten, dass Bialystok unter heftiger Bombardierung stand und du so in grösster Gefahr warst ...«

Das alles war am 23. Juni 1941. Ich eilte in die Stadt und traf meine alten Freunde. Wir hofften alle, dass die Rote Armee die Nazis aufhalten und hart bestrafen würde. Zu Hause hatte mein Vater schon beschlossen, dass wir nicht hier bleiben konnten und wir am nächsten Tag Richtung Osten aufbrechen würden. Ich muss zugeben, dass ich bei all dem Durcheinander die Verwandten in Bialystok und meine Verlobte Esther völlig vergessen hatte. Ich wusste nicht, wie ich sie über unsere Entscheidung informieren sollte. Wenn sie nun herfahren würden, und wir wären schon nicht mehr da? Mein Vater kam nach Hause geeilt und sagte, es sei unmöglich, mit der Eisenbahn zu fahren. Das Gerücht ging um, dass es von Baranowitschi aus schneller gehe, da gäbe es einen Eisenbahnknotenpunkt. So beschaffte ich bei Bekannten ein Fuhrwerk mit einem Pferd. Am Abend luden wir das Nötigste auf, so dass wir uns frühmorgens auf den Weg machen konnten. Aber an diesem 24. Juni 1941 – ich war noch nicht eingeschlafen – vernahmen wir Explosionen von Granaten und Geschossen. Es war keine Stunde vergangen, und die Vorhut der Deutschen war in unseren Strassen. Schnell entluden wir das Fuhrwerk und liessen das Pferd laufen – es würde selbst nach Hause finden. Wir fühlten sofort, wie gefährlich unsere Lage war und dass wir nichts tun konnten.

Wir sassen alle in einem Zimmer, alle unsere Sachen auf einem Haufen. Mein Vater verbot, dass jemand aus dem Haus ginge. Plötzlich erinnerte er sich, dass während des Ersten Weltkrieges in der Stadt überall Feuer ausgebrochen waren und man darauf gefasst sein musste, da alle Häuser aus Holz waren. Meine Mutter gab den Kindern zu essen, aber der Appetit war allen vergangen.

Wir hofften auf ein Waffenstillstandsabkommen, aber nichts Derartiges geschah. So begannen wir vom 24. Juni 1941 an unter deutscher Besetzung zu leben. Wie gesagt, die ganzen Familien sassen zu Hause, hörten Schüsse und vereinzelte

Explosionen. Zwei Tage später wurden wir von einem deutschen Offizier und zwei Soldaten aufgesucht. Mein jüngerer Bruder und ich versteckten uns in der Küche. Wir dachten, nur den Erwachsenen drohte Gefahr und den Kindern nicht. Der deutsche Offizier befahl, alle Koffer und Taschen zu öffnen, und begann mit der Durchsuchung. Plötzlich fragte er:

»Sind Sie Juden? Wir hatten keine Ahnung, dass die Juden hier so arm sind!«

Er nahm ein paar Nachthemden. Mein Vater bat ihn, dass er uns doch gütigerweise diese Sachen liesse. Der deutsche Offizier antwortete mit Erstaunen:

»Aber Sie sind doch Juden und werden das in Zukunft gar nicht mehr brauchen.«

Damals verstanden wir die Bedeutung dieser Worte noch nicht. Der Offizier bedankte sich, und sie gingen. Mein Vater erleichtert:

»Gott sei Dank, diesmal sind wir gut davongekommen.«

Fünf Tage später wurden wir von Flugzeugmotoren und Bombenexplosionen geweckt. Wir sahen, dass die deutschen Flugzeuge eine Anhöhe in der Nähe bombardierten. Hoffnung kam auf: Es gab Widerstand, vielleicht würde unsere Armee die Stadt befreien. Es stellte sich heraus, dass irgendeine Unterabteilung versuchte, sich in Richtung Osten durchzukämpfen. Es kam mitten in der Stadt zum Kampf, aber die Kräfte waren ungleich.

Nach dem Kampf wurden jüdische Männer auf die Strasse gejagt, um die Leichen der getöteten Soldaten und Zivilisten zu beerdigen. Der schreckliche Geruch der verwesenden Körper und der Anblick einer solchen Menge Toter erschütterten alle. Ich hatte mich entschlossen, keine solche Arbeit zu verrichten, und mein Vater und ich versteckten uns auf der Toilette hinter dem Haus.

Anfang Juli 1941. In unsere Stadt kamen neue Behörden: ein Kriegskommandant, ein Gebietskommissar, der Sicherheitsdienst, die Gestapo, die Gendarmerie und andere. Von nun an verwalteten sie die Stadt. Elf bekannte Juden (zehn Männer und eine Frau), Bewohner der Stadt, wurden zur Kommandantur geladen:

»Von heute an seid ihr der Judenrat«, verkündete der Kommandant. »Ihr werdet eure Bevölkerung verwalten. Wir bereiten Befehle vor, in Deutsch, Polnisch und Russisch. Eure Aufgabe ist es, diese Befehle in der Stadt aufzuhängen. Wer sie nicht befolgt, wird hart bestraft. Dafür müsst ihr an allen sichtbaren Plätzen Tafeln anbringen und Leute für diese Arbeit bestimmen, die einen Passierschein bekommen, mit dem sie sich in der Stadt frei bewegen können.«

Die ersten Befehle waren:

a) Waffen sind abzuliefern.

b) Es ist verboten, Tauben zu züchten. Wenn jemand welche hat – so sind sie zu vernichten.

c) Radioempfänger sind abzugeben.

Mit dem ersten Befehl hatten wir keine Schwierigkeiten, denn von uns hatte niemand Waffen. Bei den Brieftauben gab es wohl einige Familien, die sie züchteten, aber nicht viele. Mit den Radioempfängern hatten die meisten ein Problem. In fast jeder Familie gab es kleine Röhrenempfänger. Unsere Mutter ging persönlich hin, wartete drei Stunden in der Schlange und gab den Empfänger ab. Sie erhielt eine Quittung, die sie wie ihren Augapfel hütete.

Schon kam der nächste Befehl:

ZWANGSABGABEN!

Der Judenrat hatte innerhalb von 48 Stunden 350 kg Gold von der jüdischen Bevölkerung einzusammeln. Ich erinnere mich, als ob's heute wäre: Zu uns kamen zwei Jungen und ein Mädchen mit einer Liste der Bewohner unserer Strasse. Wir kannten sie natürlich. Noch jetzt habe ich ihre Worte im Ohr:

»Liebe Nachbarn, wir müssen Gold sammeln und ihnen abliefern. Sollen sie verflucht sein und an diesem Gold ersticken!«

Unsere Familie war arm, aber jedes Ehepaar hatte etwas aus

Gold. Vater nahm schnell den Trauring vom Finger, Mutter mit Mühe ihren, und plötzlich kam ihr noch in den Sinn, dass sie irgendwo ein Kettchen mit Anhänger hatte. Schnell begann sie zu suchen, fand es und gab es mit Freude ab. Die Besucher schrieben alles fein säuberlich auf und gingen zum nächsten Haus. Mutter war glücklich: »So, jetzt können wir in Ruhe leben.«

Am nächsten Morgen wurde alles eingesammelte Gold überreicht. Der Judenrat wurde mit all seinen Mitgliedern einberufen, gegenüber der Kommandantur auf der Strasse aufgestellt und öffentlich, vor den Augen aller, erschossen. Jeder erhielt eine Kugel in den Nacken. Blitzschnell verbreitete sich diese schreckliche Nachricht in der Stadt. Was war passiert? Aus welchem Grund?

Elf neue Bürger erhielten eine Einladung: »Ihr seid der neue Judenrat, der alte wollte uns betrügen; sie hatten nicht alles Gold eingesammelt.« Und von neuem gingen Gruppen von Haus zu Haus. Wir konnten nichts beisteuern, wir hatten nichts mehr, aber auf wunderbare Weise sammelten sie doch noch eine gewisse Menge Gold.

Jetzt begannen die Menschen, sich gegenseitig zu beschuldigen, als ob diejenigen, welche nicht gleich alles abgegeben hatten, schuld seien an diesem schrecklichen Mord. Vorwürfe, gegenseitige Beschuldigungen, Hass. Das wiederholten die Deutschen ausnahmslos in allen jüdischen Städten.

Überhaupt gab es jeden Tag Befehle, aber ich beschränke mich auf einige wichtige. Anfang Juli: Eine Arbeitsbrigade klebte einen Befehl grösseren Formates auf. Die Menschen stürzten sich darauf, das hiess, es musste etwas Wichtiges sein. Auch ich ging hin und las ihn:

»Vom morgigen Tag an hat die Bevölkerung jüdischer Abstammung bei Erscheinen auf der Strasse links auf der Brust und auf dem Rücken einen gelben Davidsstern zu tragen.«

Wir wussten schon, dass so etwas existierte, hatten gehört, wie die Flüchtlinge aus dem von Deutschen besetzten Westpolen davon sprachen: »Bereitet euch vor, das werden sie bis hierher bringen.« Vorstellen konnten wir uns das nicht. Ich kann mir bis heute unsere Begriffsstutzigkeit nicht erklären, dass wir diese allen bekannte Anordnung nicht voraussahen.

Sofort begannen alle, nach gelbem Stoff zu suchen. Wer welchen besass, hatte Glück, wer keinen hatte oder wem der Stoff nicht reichte, ging auf die Suche. Man konnte sowieso nicht die ganze Zeit zu Hause sitzen. Wer Material übrig hatte, verkaufte es. Der Preis – Lebensmittel. Es tauchten auch Nichtjuden auf, die Stoff verkauften, aber sie musste man mit etwas anderem bezahlen. Wir hatten keine Wahl, die Bestrafung konnte grausam und gnadenlos sein. Natürlich wussten die Deutschen nicht, wer Jude war und wer nicht. Aber die anderen Bewohner von Slonim wussten es, auch die lokale Polizei, und sie erwartete eine Belohnung für die Meldung von Gesetzesbrechern.

Mutter überprüfte wie eine Inspektorin beim Verlassen des Hauses, ob dieser gelbe Stern gut angenäht war, damit er – Gott behüte – nicht abgerissen würde. Denn die Bestrafung fiele auf die ganze Familie zurück. Ich erinnere mich, wie ich auf der Strasse Bekannten begegnete, die sich nie zuvor als Juden verstanden hatten, nicht mit uns befreundet waren und kein Jiddisch konnten. Und plötzlich »spazierten« wir alle mit einem gelben Stern herum. Man kann sich vorstellen, wie wir uns fühlten. Einige Tage später gab es einen neuen Befehl, wieder einen wichtigen:

»Vom morgigen Tag an ist es den Juden verboten, auf dem Trottoir zu gehen.«

Nur in der Gosse, wie das Vieh.

Die Schwierigkeit war, wie man in die Gosse kam. Junge Menschen konnten natürlich springen, aber ältere Menschen? Entgegenkommende Patrouillen erlaubten, dass man bei Ausfahrten, bei abgesenkten Bordsteinkanten in die Gosse hinunterstieg. Mehr und mehr bedrängten uns die Deutschen, machten sich über unsere Menschenwürde lustig: »Ihr seid doch keine Menschen, ihr gehört nicht der menschlichen Rasse an – ihr seid Vieh!« Diese täglich sich wiederholende Propaganda in Wort und Handlung zeigte ihre Wirkung. Das drückte sich im Verhältnis der Nachbarn und Bekannten und überhaupt der Menschen der sogenannten arischen Rasse zu uns aus.

Einmal, als ich in der Gosse »spazierte«, bemerkte ich Stasek, meinen früheren Freund. Stasek ging auf dem gegenüberliegenden Trottoir. Ich hatte ihn zwei Jahre lang nicht mehr gesehen, er war verschwunden gewesen.

Hier ist ein Abstecher in die Vergangenheit notwendig. Anfang der 1930er Jahre. Ich war Schüler des jüdischen Gymnasiums. Wie alle Jungs verbrachte ich meine Freizeit im städtischen Stadion. Wir spielten unser geliebtes Fussball. Ein Teil des Stadions war umzäunt, und der Einlass in die Umzäunung war nur mit einem Passierschein möglich. Dort befand sich der Tennisklub. Jüdische Jungen wurden im Tennisklub nicht aufgenommen. Ich erinnere mich, wie ich manchmal am Zaun stand und neidisch den Spielern zusah. Sie waren ganz in Weiss gekleidet, wie Engel. Ich war glücklich, wenn der Ball über den Zaun flog, ich ihm nachrannte und ihn den Spielenden zurückbrachte. So hatte ich Stasek kennen gelernt.

Stasek war gleich alt wie ich und ging aufs polnische Staatsgymnasium. Ein guter und angenehmer Junge. Als er von meinem brennenden Wunsch erfuhr, es mit Tennis zu versuchen, verabredete sich Stasek mit mir eine Stunde vor Öffnung des Tennisplatzes und erlaubte mir, gegen die Wand zu spielen.

Einmal kamen wir, ins Gespräch vertieft, bis vor Staseks Haus. Es war eine kleine Villa, wo Familien polnischer Angestellter lebten. Ich wollte nach Hause gehen, doch plötzlich kam seine Mutter heraus und lud mich ein hereinzukommen.

Seine Eltern waren aus Oppeln, einer Stadt in Schlesien. Von dort war sein Vater, ein Ökonom, in den östlichen Bezirk zur Arbeit in die Finanzabteilung verlegt worden. Von da an kam

Stasek auch zu uns zu Besuch, und ich half ihm oft bei den Hausaufgaben.

Als am 1. September 1939 der Krieg ausbrach und die Stadt von der Roten Armee besetzt wurde, verschwand die Familie von Stasek. Wohin, wusste niemand. Ehrlich gesagt, hatte ich mich nicht einmal dafür interessiert, was mit ihm passiert war – ich hatte damals so viele andere Probleme.

Jacob (6. v. r.) mit seinen Schulkollegen vom jüdischen Gymnasium Kunica, aufgenommen 1936 von einem Strassenfotografen im Zentrum von Slonim.

Und an einem heissen Julitag im Jahr 1941 ging ich in der Gosse, so wie es der Befehl den Juden vorschrieb. Manchmal hörten wir beleidigende Zurufe an unsere Adresse. Plötzlich bemerkte ich, dass Stasek mir entgegenkam. Wie freute ich mich! Er lebte und war gesund.

»Guten Tag, Stasek«, sagte ich und blieb stehen. Als er meinen Gruss hörte, errötete er über und über vor Wut und schrie laut:

»Du miese jüdische Fresse, nicht die Deutschen, sondern dich erwürge ich, wenn du mich nochmals ansprichst!«

Ich war wie vom Blitz getroffen. Schnell ging ich weiter. Ein solcher Schlag von einem ehemaligen Freund.

Aber das menschliche Schicksal ist nicht vorhersehbar. Einige Monate später, als wir schon im Ghetto lebten, schickte mich mein Vater in einen anderen Teil des Ghettos, um bei Bekannten eine Säge zu holen. »Lass dich auf dem Weg nicht aufhalten!«, rief er mir nach. Ich war schon auf dem Rückweg, die Strassen und Gassen waren überfüllt, ein wahrer Ameisenhaufen. Wo rannten denn alle hin? Plötzlich erkannte ich im Augenwinkel eine bekannte Silhouette.

»Das darf doch nicht wahr sein, zum Teufel!«, flüsterte ich vor mich hin. Ein Junge stürzte mir entgegen, umarmte mich und begann zu schluchzen, unfähig, ein Wort zu sagen.

»Was machst du hier?« rief ich. »Dieser Ort ist nichts für dich!«

Es vergingen einige Minuten, in denen er sich ein wenig beruhigte. Wir gingen ein Stück weiter, setzten uns auf die Trümmer eines alten Hauses, und Stasek begann sofort zu reden. Unter Schluchzen erzählte er mir, was passiert war.

Sein Onkel, der Bruder seines Vaters, kam Anfang August 1941 in unsere Stadt und ging sofort zur deutschen Kommandantur. Er meldete, dass der Mädchenname von Staseks Mutter Pomerantz wäre, sie eine gebürtige Jüdin. Der Kommandant, der Staseks Familie persönlich kannte, glaubte dieser Information zuerst nicht. Doch nach einer Befragung des Vaters und einer Gegenüberstellung mit seinem Bruder schlug der Kommandant vor, dass der Vater sich entweder von seiner Frau scheiden liesse oder die ganze Familie ins Ghetto komme. Staseks Vater liess sich von seiner Frau scheiden, einen anderen Ausweg sah er nicht. Mutter und Sohn wurden sofort ins Ghetto geworfen.

Und so traf ich also Stasek im Ghetto. Es war unser letztes Zusammentreffen. Am 14. November 1941 wurden Mutter und Sohn im Zuge der ersten Vernichtungsaktion erschossen.

Das Gesicht der Besetzer

Interessant, dass es in den Gesprächen unter uns auch welche gab, die die Frage stellten: »Vielleicht sind wir wirklich keine Menschen?« So weit konnte diese Nazihirnwäsche führen. Doch es war uns nicht gegeben, lange darüber nachzusinnen. Nach zwei, drei Tagen kam ein nächster Befehl, diesmal mit Hilfe von Lautsprechern:

»Allen männlichen Juden ab sechzehn Jahren ist es verboten, zu Hause zu übernachten. Sie haben sich in den Nachtlagern in den Synagogen, den Klubs, dem Volkshaus zu versammeln. Wird ein Mann zu Hause angetroffen, wird die ganze Familie bestraft.«

Das Risiko war zu gross, es war nichts zu machen. Vater, mein Bruder Herzl und ich übernachteten in der grossen Synagoge, die fast im Stadtzentrum lag. Es war ein unbeschreibliches Gedränge, man konnte nicht sitzen, nicht liegen, man bekam keine Luft, manche verloren die Besinnung, wir warteten auf den Morgen. Am Morgen liessen sie uns nach Hause gehen. So zog sich das über einige Tage hin. Und dann, am Donnerstag, 17. Juli 1941, jagten sie uns aus der überfüllten Synagoge und führten uns auf Baustellen, zur Arbeit.

Jeder Mensch hat in seinem Leben Ereignisse, zu denen zurückzukehren ihm sehr schwer fällt, an die er sich nicht erinnern möchte, die er wegschiebt und aus dem Gedächtnis zu löschen versucht – eine Wunde, die nicht verheilt. Wenn man sie doch berührt, tut's so weh, als ob sie mit Säure übergossen würde. Der Schmerz ist zu gross. Über sechzig Jahre sind vergangen, ohne dass ich an diese Wunde gerührt hätte. Die Ereignisse des Zweiten Weltkrieges gehen vergessen, es gibt fast niemanden mehr, der sich erinnern kann. Doch es braucht nur einen kleinen Anstoss, und alles taucht in mir wieder auf, als ob es gestern gewesen wäre. So las ich vor kurzem den Artikel eines Korrespondenten der »Washington Post«, Michael

Dobbs, über Erich von dem Bach-Zelewski, SS- und Polizeiführer, der am 18. Juli 1941 nach Berlin gemeldet hatte: »An der gestrigen Säuberungsaktion wurden 1153 kriminelle Juden der Stadt Slonim erschossen.« Mein Herz raste, nachdem ich diese Zeilen gelesen hatte, und mein Blutdruck stieg.

»Beruhige dich«, flüsterte ich mir zu, »Luft holen …« Doch all das war nicht so einfach. Ich brauchte Zeit, ein wenig Zeit, um wieder zu mir zu kommen. Alle Eindrücke und Bilder tauchten bis ins kleinste Detail wieder auf:

Am 17. Juli 1941 warfen die deutschen Soldaten uns drei – Vater, meinen Bruder und mich – aus der überfüllten Synagoge hinaus und trieben uns Richtung Zentralplatz. Dort waren schon viele jüdische Männer, darunter auch der Rabbi Fajn, der Rabbi der Stadt. Wir waren 1166 Männer. Unter uns ging das Gerücht, dass wir arbeiten sollten.

Gruppen von 200 oder 300 Männern begannen unter Aufsicht von Soldaten loszuziehen. Plötzlich hielt ein deutsches Auto neben unserer Gruppe, zwei Offiziere stiegen aus und begannen mit den Wachsoldaten zu sprechen. Nach einem kurzen Gespräch kamen sie zu unserer Gruppe. Sie brauchten einen Baumeister und Bauarbeiter. Mein Vater meldete sich sofort, sagte, das wäre sein Beruf, und sogleich wählten sie ihn und zwölf weitere aus, darunter mein Bruder und ich. Meinen Vater und drei weitere setzten sie ins Auto, wir anderen gingen zu Fuss.

1166 Männer auf dem Zentralplatz. Dreizehn davon wurden zur Arbeit einteilt. Von ihnen lebt heute noch einer, Jacob Shepetinski. Die anderen 1153 wurden an diesem Tag in einem Wald vor Slonim erschossen.

Das Ganze war so schnell gegangen, dass wir es nicht einmal geschafft hatten, uns von unserem Vater zu verabschieden. Wir liefen, ständig angetrieben von den Wachsoldaten, und kamen bald zum Ziel. Es war das städtische Stadion, überfüllt mit sowjetischen Kriegsgefangenen – einer Masse halbnackter, zerlumpter, ausgehungerter und völlig erschöpfter Soldaten hinter Stacheldraht. Welch ein Greuel!

Sie teilten uns in zwei Gruppen auf, gaben uns Schaufeln und Spitzhacken. Schnell sollten wir Beobachtungstürme von fünf Metern Höhe bauen. Wir hörten die Rufe und Bitten der Gefangenen: »Brüder, helft, womit auch immer!«

Was wir hatten, warfen wir zu ihnen hinüber. Wir arbeiteten schnell, und da kam ein Lastwagen mit Baumaterial. Wir waren erleichtert – unser Vater war darin. Die Arbeit ging voran, die Deutschen waren zufrieden.

Plötzlich fuhren ein geschlossener Lastwagen und ein leichter Wagen zu uns her. Offiziere stiegen aus, diskutierten und betrachteten die entstehenden Türme mit Zustimmung. Die Menge der Gefangenen schaute verständnislos auf das Ganze und drängte sich immer enger in unserer Richtung zusammen.

Die Rufe und Bitten wurden wieder lauter. Bis heute erinnere ich mich: »Ihr guten Menschen, überbringt bitte meiner Frau, in der Stadt Kriwoj Rog, die Nachricht, dass ich in Kriegsgefangenschaft bin und ihr mich lebend gesehen habt. Es ist leicht zu behalten – Kriwoj Rog, Strasse des 1. Mai, Haus 9, Nadeschda Nipalko. Brüder, in der Stadt Kriwoj Rog!«

Es vergingen ungefähr drei Stunden, und die Türme waren fertig. Die Deutschen prüften die Stabilität – zufrieden. Aus dem geschlossenen Fahrzeug wurden nun Kisten ausgeladen und vorsichtig auf die oberste Plattform des einen Turmes getragen. Wir begriffen, dass es sich um Filmapparaturen handelte und wahrscheinlich Aufnahmen gemacht würden.

Während die Apparaturen aufgebaut wurden, verstummte die Menge der Gefangenen, auf der anderen Seite erhöhte sich die Anzahl der Wachsoldaten. In all dem Durcheinander wurden wir vergessen. Wir sassen da, ohne zu verstehen, was jetzt kommen würde. Vom Turm hören wir Rufe auf Deutsch: »Alles in Ordnung. Wir sind bereit!« Nun luden sie Säcke aus dem Auto aus und reichten sie nach oben. Plötzlich zerriss einer der Säcke, und es fielen Brote heraus. Das war es also! Wir hatten begriffen.

Die Deutschen begannen, Brote über den Zaun zu werfen, nach verschiedenen Seiten, eins nach dem anderen. Unmöglich auszudrücken und zu beschreiben, was hinter dem Zaun vor sich ging. Die ausgehungerten Soldaten warfen sich – einander prügelnd – auf die Brote. Von oben die Rufe der Deutschen: »Gut, gut, wunderschön, glänzend …!«

Uns flossen die Tränen übers Gesicht. Die Offiziere, die neben uns standen, applaudierten kichernd und lachend vor Vergnügen: »Schaut euch das an: russische Schweine!« Das Herz zerriss mir vor Schmerz.

Wie das Ghetto geboren wurde

Mitte August 1941. Hitze, nicht einmal die älteren Menschen erinnern sich, dass es jemals so heiss gewesen war. Die jüdische Bevölkerung in Slonim umfasste etwa 35 000 Personen, zusammen mit den Flüchtlingen und den Umgesiedelten aus umliegenden Orten und Dörfern. Der Judenrat bemühte sich, die Ordnung aufrechtzuerhalten, richtete Unterricht für die Kinder ein und stellte auf Verlangen der Besetzungsmacht Arbeitskräfte und -dienste zur Verfügung.

Nicht ohne Schwierigkeiten, aber alle fanden ihren Platz.

Mit Lebensmitteln gab es keine besonderen Probleme. Die Bauern brachten ihren Überschuss in die Stadt und tauschten gegen Kleider, Schuhe, Möbel und Arbeitskräfte. Dank der Familie Fiedrik aus dem Dorf Zawersche litten wir keinen Mangel.

Eines Nachts schlief ich spät ein, fast die ganze Nacht sass ich auf einem Erdhügel und schaute in den Sternenhimmel. Was mir nicht alles an Gedanken durch den Kopf ging. Was ist, wenn das, wenn jenes. Verschiedene Träume über Sieg, Kampf, über irgendein Wunder. Und die Frage: Was ist mit der Familie, mit meiner Schwester und meinen Brüdern, Mutter und Vater? Ach, so viele Probleme! Ich wachte vom Lärm auf, alle waren auf den Beinen. Sie liefen zur »Ehrentafel«, lasen den neuen Befehl. Ich zog mir etwas über und schleppte mich dahin. Ich las. Schon wieder, wir hätten es eigentlich wissen müssen, gehört, so oft hatten die Flüchtlinge davon gesprochen! In Westpolen bestand diese Ordnung schon lange. Wie an der Nase herumgeführt, lebten wir tagein, tagaus:

»Vom morgigen Tag an ist es der jüdischen Bevölkerung verboten, über die ganze Stadt verteilt zu leben.«

Fortan mussten wir in einem auf der Karte eingezeichneten Stadtteil wohnen, im Ghetto. Dort durfte man auf dem Trottoir gehen, aber die Pflicht, den gelben Stern zu tragen, bestand unverändert. Es war erlaubt, die persönlichen Sachen, die nötigsten Möbel und eine vorgegebene Essensration mitzunehmen. Durch diesen Befehl teilte sich die jüdische Bevölkerung in drei Gruppen: »Glückspilze«, »mittelprächtig« und die völlig Hilflosen. Wer schon in diesem Stadtteil wohnte, hatte Glück. Sie hatten alles im Haus und mussten nichts herschleppen. Diese sollten – in Gottes Namen – näher zusammenrücken und Verwandte aufnehmen. Sie wussten noch nicht, was sie erwartete.

Meine Familie gehörte zur zweiten Gruppe. Wir lebten ausserhalb des festgelegten Stadtteils, aber wir hatten Grossmutter, die Mutter meines Vaters, die am Rande des Ghettos lebte. Wir gingen zu ihr und brauchten nicht um Erlaubnis zu fragen. Die einzige Frage stellte sich wegen des Transports der Güter.

Die Menschen der dritten Gruppe – die Unglücklichsten – hatten weder Verwandte noch Bekannte im Ghetto, mussten schnell umziehen und hatten keine Zeit, eine Unterkunft zu finden. Sie nahmen ein erstes Bündel und eilten mit dem Kind ins Ghetto. Sie hielten in der erstbesten Gasse an, warfen das Bündel hin und sagten: »Mein Liebes, setz dich hierhin und warte, ich komme bald zurück.« Diese Kinder begriffen alles, als ob sie erwachsen wären. Und so rannten alle: die einen aus dem Ghetto, um den Verwandten zu helfen, die anderen ins Ghetto im Versuch, alles mitzunehmen und nichts zurückzulassen. Sie packten Kleider, Bettwäsche und Geschirr, schnürten Bündel, auf die Schulter damit und los. Möbel musste man in Einzelteile zerlegen und auf die Schultern laden. In erster Linie nahmen die Menschen Lebensmittel mit, die sie zu Hause hatten – und das alles im Laufschritt. Wenn es einen Schiedsrichter mit einer Stoppuhr gegeben hätte: Champion im Laufen. Alles mitnehmen, nichts zurücklassen! So auch ich und die anderen, die, die Verwandte oder Freunde hatten, wir eilten herbei, luden ab und rannten gleich wieder zurück. Die, welche keine Unterkunft hatten, luden ihre Sachen an der erstbesten Ecke ab – zuerst die Sachen hinübertragen, dann eine Bleibe suchen. Die Zeit lief aus. Was man liegengelassen hatte, war verloren.

Nun änderte sich unsere Einschätzung. Erinnert ihr euch an jene, welche so froh waren, dass sie alles zu Hause hatten und ein Dach über dem Kopf? Plötzlich fanden sie sich in einem unglaublichen Gedränge wieder. In den Wohnungen, in denen sie etwa zu acht lebten, waren jetzt fünfzig Menschen. Es gab buchstäblich keinen Platz, um sich auszubreiten, die Möbel musste man hinaustragen, damit es genug Platz auf dem Boden gab. Und wir, die »Zugezogenen«, konnten unsere Sachen nicht ausladen. Und doch hatten wir Glück, hatten ein Dach über dem Kopf, und die Familie war zusammen. Aber die Obdachlosen waren in einer schrecklichen Lage, begannen von Haus zu Haus zu gehen, baten, flehten um Einlass, um ein Eckchen im Gang oder im Schuppen, irgendwo. Ich erinnere mich, dass sich einer an meine Grossmutter wandte, mit der Bitte um Einlass. Sie sagte zu ihm:

»Komm rein, mein Lieber, wenn du einen Platz findest, gehört er dir.«

Er ging in die Wohnung und sah einen Kopf am anderen. Überfüllt.

»Versuch's bei anderen«, sagte Grossmutter, »dort gibt's vielleicht mehr Platz.«

Und so gingen die Unglücklichen von Haus zu Haus mit immer derselben Bitte und bekamen immer dieselbe Antwort. Es gab verschiedene Menschen. Die einen waren ruhig, müde und wollten die Sache erst einmal überschlafen. Sie übernachteten auf dem Steinboden in einer Gasse und suchten am nächsten Tag weiter. Aber es gab auch gereizte und unruhige Menschen, Kinder, die weinten, Frauen, die sich zankten und das Gefühl hatten, alle hätten etwas gefunden, nur sie nicht. Jeder Hausherr, der sie nicht einliess, war ihr Feind. Am Anfang gab es laute Diskussionen, die in Drohungen und Handgemenge übergingen. Es gab Verletzte und Tote. Die ganze jüdische Bevölkerung, 35 000 Menschen, wurde in den am meisten vernachlässigten und dreckigsten Stadtteil hineingezwängt, wo man mit Mühe gerade einmal 8000 Menschen hätte unterbringen können.

Streitereien, Schreie, Schlägereien – die ganze Nacht. Am nächsten Tag hörten wir von vorbeigehenden Schaulustigen: »Schau mal diese Juden, man muss sie gar nicht eigenhändig umbringen.« Dieselbe Geschichte spielte sich in allen Städten ab, die von den Nazis besetzt waren.

Danach wurde der Ausgang aus dem Ghetto mit Stacheldraht versperrt, und der nichtjüdischen Bevölkerung war der Zugang verboten. Sie schnitten uns völlig von der Möglichkeit der Lebensmittelbeschaffung ab. Das bedeutete: Hunger! Von allen Greueln des Ghettos war dies der allerschrecklichste und grausamste. Dieser langsame Tod vor aller Augen, dieses Gefühl der Hilflosigkeit, der Apathie … Die Schreie der Neugeborenen, das Grauen der Mütter, deren Brüste keine Milch mehr gaben. Die Erwachsenen hielten das Weinen der Kinder nicht aus. Es häuften sich die Fälle von Selbstmord. Mütter hielten ihren Neugeborenen den Mund zu, damit Ruhe herrschte. Sie ertrugen es nicht mehr.

Wem es gelang, heimlich Brot oder irgendwas zu essen herbeizuschaffen, der ass versteckt, damit es niemand sah oder hörte. Die Kinder lernten zu kauen, ohne den Mund zu bewegen. Das gelang nicht immer. Dann kam es zu Neid, Beleidigungen oder zu einem Handgemenge. Gedränge, unzureichende Hygiene, Epidemien, psychischer Stress, Kälte und vor allem Hunger führten zu einem Massensterben. Bis November 1941 starben mehr als 10 000 Menschen eines »natürlichen« Todes. Doch Erren, der Gebietskommissar von Slonim, versprach, die Stadt bis Ende nächsten Jahres »judenrein« zu machen.

Der Untergrund

Schon vor der Zeit im Ghetto, als wir bereits einige Wochen unter deutscher Besetzung lebten – alle waren angespannt und unter Druck –, bemerkte ich plötzlich, dass Herzl begann, sich merkwürdig zu benehmen. Er verbrachte viel Zeit mit Deljatizkij – einem Kommunisten, der nach dem Verbot der KP in Polen verhaftet worden war – und diskutierte mit ihm. Kam ich näher, unterbrachen sie ihr Gespräch. Merkwürdig. Einmal kam Arkadij Fiedrik, der Sohn von Alexander Wasilowitsch Fiedrik aus Zawersche, mit einem Mann, der »östlich« aussah, zu uns. Herzl begrüsste sie, sie baten um Wasser, und Arkadij begann, mit Mutter zu reden. Plötzlich bemerkte ich, dass Herzl und der Fremde verschwunden waren. Was ging da vor, wo waren sie? Nicht in der Küche, nicht im Gang oder im Schuppen – wohin waren sie verschwunden?

Vorsichtig kletterte ich die Stiege zum Dachboden hoch, die Tür war zu. Ich schaute durch eine Ritze und sah sie in der gegenüberliegenden Ecke stehen. Sie redeten. Plötzlich nahm der Fremde ein Bündel aus dem Jackett, wickelte es aus und gab meinem Bruder – eine Pistole! Ich fiel fast von der Stiege: Was tut er da? Die werden unsere ganze Familie erhängen! Will er denn uns alle einem solchen Risiko aussetzen? Nur schwer beruhigte ich mich wieder. Sie kamen herunter, verabschiedeten sich, und die Besucher gingen. Mein Bruder Herzl tat, als ob nicht gewesen wäre. Er war fröhlich, pfiff muntere Melodien vor sich hin. Ich hatte das Gefühl, dass er völlig verrückt geworden wäre. Ich war erschüttert. Am Abend konnte ich nicht mehr:

»Herzl, komm, wir gehen mal raus, ich muss reden.«

»Was ist los? Sprich doch hier.«

»Besser draussen. Lass uns gehen.«

Wir gingen hinaus.

»Herzl, ich habe alles gesehen, oben auf dem Dachboden.«

»Hast du mir nachspioniert?«

»Spioniert oder nicht, jedenfalls kann das uns alle umbringen, die ganze Familie.«

Ich war der älteste Sohn und hatte mich stets bemüht, meinen jüngeren Brüdern und meiner Schwester zu helfen. Ich war kein schlechter Schüler und darüber hinaus ein grosser Possenreisser. Herzl war anderthalb Jahre jünger als ich, mit einem sehr standhaften Charakter, einer der Besten in der Schule, er hatte die Autorität und offensichtlichen Fähigkeiten eines Anführers.

Herzl liess mich ohne ein Wort stehen und ging zur gegenüberliegenden Ecke:

»Also, Jascha, da du es nun einmal gesehen hast, hör mir aufmerksam zu: Unser Schicksal ist schon entschieden, es gibt keinerlei Hoffnung. Auf Hilfe zu warten, können wir vergessen. Ich habe versucht, mit den Komsomolzen Kontakt aufzunehmen, doch war ich nicht in der Lage dazu. Da blieb nur noch eins: sich zu organisieren, Waffen zu beschaffen und … hast du begriffen? Ich bin nicht alleine«, fuhr er fort, »der Untergrund ist schon organisiert, und von diesem Moment an bist auch du Mitglied einer Zelle. Ich bin der Kommandant eines Dreigespanns. Vom Dritten erfährst du zu gegebener Zeit. Und damit du dir im Klaren bist: Wenn einer von uns aussteigen will, sind es nicht die Deutschen, die sich um ihn kümmern. Bleib erstmal ruhig, kein Wort zu niemandem, wenn die Zeit gekommen ist, erhältst du den Befehl zu handeln.«

Eine ernste Sache, dachte ich und fragte:

»Warum hast du gewartet und mich nicht gleich angeworben?«

»Ich war mir nicht sicher, ob du mit deinem Charakter bereit sein würdest, Soldat des Untergrundes zu werden. Aber jetzt ist es klar. Verstanden? Verhalte dich in der Zwischenzeit ganz normal.«

Alles Gehörte und Gesehene machte einen enormen Eindruck auf mich, doch merkwürdigerweise beruhigte es mich auf eine Art auch. Plötzlich fühlte ich mich als ein Teil einer grossen, geheimen Macht.

Erst gegen Ende August sagte mir mein Bruder:

»Morgen gehst du zum Arbeitsmarkt und schreibst dich als Schlosser ein.«

»Aber ich bin kein Schlosser.«

»Unwichtig, du wirst einer.«

»Hör mal, Herzl, ich habe mich hier nicht registriert, ich habe keine lokalen Ausweise.«

»Das ist schon geregelt.« Und er fuhr fort: »Es wird ein Deutscher kommen, ein ›Einkäufer‹ – verhalte dich ruhig und dienstfertig.«

Am nächsten Morgen stand ich in einer Reihe von Menschen auf dem Arbeitsmarkt. Der Deutsche, ein Unteroffizier mit einer Riemenpeitsche in der Hand, ging die Reihe entlang, hielt bei jedem an und stellte Fragen. Diejenigen, auf die er zeigte, traten aus der Reihe. Er kam zu mir. Ich spannte meinen Körper und drückte die Brust heraus, stand Habacht.

»Beruf?«

»Schlosser, Herr Offizier.«

Er zeigte mit der Peitsche auf meine Brust – eingestellt!

Noch an diesem Tag führten sie etwa vierzig Männer und sechzig Frauen mit Begleitsoldaten zum Arbeitsplatz. Es war ein Beutelager. Es befand sich neben dem Bahnhof, wo es ein Armeedepot und einen Kornspeicher gab. Die Männer wurden auf einem offenen Platz versammelt, wo hergeschaffte Beute lose herumlag. Unsere Aufgabe: sortieren. Uniformkleider, Munition, leichte Waffen auf verschiedene Haufen verteilen. Fünf Tage brauchten wir für das Sortieren. Danach schickte mich Mutz – so hiess der Unteroffizier, der mich eingestellt hatte – zu einer grossen Lagerhalle, wo ich als Schlosser arbeiten sollte, als Waffenschlosser. Er sagte mir:

»Wenn du gut arbeitest, wirst du zufrieden sein.«

Da war ich also, hatte bis zu jener Zeit noch nie eine Waffe in der Hand gehabt und antwortete:

»Zu Befehl, Herr Offizier, Sie werden mit meiner Arbeit zufrieden sein.«

Ich ging in das lange Gebäude. An einem riesigen Tisch sassen junge Frauen und reinigten Einzelteile von Gewehren und Maschinenpistolen. In der Ecke hinter dem Tisch erkannte ich Wowa Abramson. Er war ein Student aus Leningrad, der hergekommen war, um Verwandte zu besuchen, und den der Krieg in unserer Stadt überrascht hatte.

»Bist du Schlosser?«, fragte mich Wowa.

»So wie du einer bist«, antwortete ich.

Er brachte mir bei, wie Waffen zu zerlegen sind. Nach kurzer Zeit war ich Spezialist dafür, kannte jedes Detail, jede Funktion. Über die Zugehörigkeit zum Untergrund fiel natürlich kein Wort.

Als ich Herzl sagte, dass ich zusammen mit Abramson arbeitete, reagierte er nicht. Später erfuhr ich, dass auch er Untergrundkämpfer war, nur in einem anderen Dreigespann. Mutz war zufrieden, mir schien, dass wir gut mit ihm standen. Einmal nahm er Wowa und mich zu sich nach Hause, um ihm beim Einrichten der Möbel zu helfen. Er bewirtete uns, zeigte uns Fotos von seiner Familie und sprach in menschlichem Ton mit uns. Dabei war es den Deutschen untersagt, mit uns zu sprechen. Sie durften uns nur anschreien, anfluchen. Mutz nannte Wowa und mich »meine Juden«. Und so sassen wir in »seiner« Wohnung und unterhielten uns wie Menschen.

Manchmal wurden wir an weiter entfernte Orte gebracht, wo zurückgelasscne Geschütze der Roten Armee, getroffene Anhänger und Panzer lagen. Alle leichten Waffen warfen wir auf den Lastwagen, den Rest transportierten wir zum Bahnhof für die weitere Abfertigung nach Deutschland als Altmetall.

Das Wichtigste war die Nahrung. Wir erhielten jeden Tag zum Frühstück 700 Gramm Brot, zwei Stück Zucker und »Kaffee«. Zum Mittagessen ebenfalls eine Ration Brot und Suppe. Fast immer versteckten wir einen Teil in der Tasche, um es nach Hause zu nehmen. Das war nicht leicht. Wenn man hart arbeitete, spürte man immer den Hunger, und dann ein Stück Brot in Reichweite zu haben … Doch galt es auszuhalten, denn zu Hause warteten sie darauf.

Jedes Mal, wenn neue Beute auf den Haufen kam, war für uns das Wichtigste, darunter etwas Essbares zu finden, um es nach Hause zu bringen. Im Oktober dann endlich, als wir schon einige Wochen im Ghetto waren, befahl mir mein Kommandant Herzl:

»Morgen bringst du einen Zünder der Granate F-1. Sieh zu, dass niemand der unseren es mitbekommt, weder Abramson noch die Frauen.«

Mein Herz begann schneller zu schlagen:

»Wieso keine ganze F-1 mit Zünder?«

»Nein, nur den Zünder.«

»Falls ich versage, könnte ich mich so in die Luft jagen, aber nur mit einem Zünder, was mache ich da?«

»Wie oft muss ich es dir wiederholen: nur den Zünder.«

Am nächsten Tag hatte ich keinerlei Appetit. Ich bemühte mich, mich ganz gewöhnlich zu verhalten. Ich bereitete den Zünder vor und legte ihn in die Manteltasche. Niemand bemerkte es. Aber in meinem Kopf kreisten die Gedanken: Und wenn eine Durchsuchung gemacht wird, was sage ich dann? Verschiedene Versionen. Aber die Hauptsache war, ruhig zu bleiben.

Kurz vor dem Schlussappell nahm ich den Zünder aus der Manteltasche und steckte ihn in meine hintere Hosentasche. Auf dem Rückweg nach Hause musste ich an den Wachposten vorbei, und ich war mir sicher, dass alle es sahen und wussten – die Wachsoldaten, die Arbeitskollegen. Man brauchte wirklich Nerven aus Stahl. Dann endlich zu Hause. Übergabe an Herzl. Er lobte mich.

»Sag mir jetzt, warum nur der Zünder? Ich hätte die ganze Granate mitbringen können.«

»Das war ein Test«, antwortete er, »ob du die Angst überwinden kannst.«

So war das also, er war eben der Kommandant. Von diesem Tag an brachte ich regelmässig Munition, Granaten und Einzelteile von einem Panzermaschinengewehr Typ Degtjarew.

Gegen Ende Oktober wählte Mutz ungefähr vierzig Menschen aus, darunter auch mich:

»Von morgen an werdet ihr in zwei Schichten eingeteilt. Schlafen werdet ihr hier im Lager.«

Nach Hause zu gehen, war verboten. Etwas Ungutes lag in der Luft. Die Anspannung stieg. Vor allem auch, weil die Spezialisten, Ärzte, Techniker und Handwerker aus dem Ghetto, die für die Deutschen arbeiteten, spezielle Ausweise bekommen hatten. Doch als einige Tage lang nichts geschah, beruhigten auch wir uns wieder – es würde schon gut herauskommen. Schade war, dass wir unsere Familien nicht mehr mit Lebensmitteln unterstützen konnten.

Die Vernichtungsaktion

Anfang November 1941. Der Judenrat versammelte auf Verlangen der Kommandantur Freiwillige zur Arbeit für die Armee. Wer angenommen wurde, dessen Familie bekam eine zusätzliche Essensration. Es war erlaubt, Briefe nach Hause zu schreiben. Fünfzig Menschen wurden benötigt. Es gab mehr als 300 Bewerber. Und tatsächlich, die Briefe kamen an, die Familien erhielten zusätzliche Rationen. Viele beneideten diese Glückspilze. In Wirklichkeit bereiteten sie Gräber vor und waren die ersten Opfer.

Um drei Uhr nachts wachte ich plötzlich von Weinen und schrecklichen Schreien auf. Durch diesen Lärm hindurch erreichten auch deutsche Wörter mein Ohr: »Juden raus!« Im ersten Moment konnte ich mich nicht orientieren und wusste nicht, wo ich mich befand. Ich war noch nicht vollständig aufgewacht, doch dann erinnerte ich mich wieder an alles: Gestern, am 13. November 1941, rief mich ein deutscher Wachposten zu sich und gab mir heimlich einige Konservendosen. Das war ein grosser Reichtum. Ich fühlte mich verpflichtet, sofort alle nach Hause zu bringen, anstatt sie bei mir über Nacht zu lagern – da würden sie gestohlen. Ich kehrte zum Wachposten zurück:

»Erlauben Sie mir, nach Hause zu laufen, ich kehre sofort wieder zurück.«

Als Antwort ging er ins Wachhäuschen und »sah nichts«. Ich rannte nach Hause und übergab die Dosen heimlich an Mutter. Ich beobachtete, dass Vater, mein Bruder und mein Onkel in der Küche arbeiteten – sie bereiteten einen Schutzraum vor. Zum Reden war keine Zeit. Ich erinnere mich nur noch an Mutters Segen:

»Gott möge dich immer und überall beschützen.«

Auf dem Rückweg wurde ich auf der Brücke von unbekannten Soldaten angehalten. Letten, wie sich herausstellte.

»Wohin willst du?«

»Ich arbeite hier im Lager in der Umgebung, ich muss zurück.«

»Tritt zurück, es ist schon Sperrstunde. Morgen früh kannst du gehen, wohin du willst.«

Ich versuchte zu erklären, zu bitten, aber ich hatte das Bajonett des Letten vor meinen Augen. Es war nichts zu machen, ich musste ins Ghetto zurück, es dunkelte schon. Ich näherte mich dem Tor, aber dort standen wieder die gleichen Wachposten. Sie drängten mich ins erste Haus am Rande des Ghettos, wo der Stadtbezirk Baloné begann. Drinnen war es so überfüllt, stickig, dunkel und heiss, wie es auf der Strasse kalt gewesen war. Ich zwängte mich irgendwie zwischen die Schlafenden und nickte ein. Ich wachte in völliger Dunkelheit und einem unbeschreiblichen Durcheinander auf, Familien versuchten zusammenzufinden, mitzunehmen, was sie konnten, und gingen hinaus. Ich dachte, dass man sich – falls es einen Befehl gab, die Häuser zu verlassen – besser verstecken und warten sollte. Ich fragte einen Burschen:

»Wo geht es zum Dachboden?«

»Aber wir müssen doch hinaus, warum willst du auf den Dachboden?«

»Ich gehe nicht raus«, antwortete ich. »Komm, wir verstecken uns auf dem Dachboden.« Er willigte ein. Wir begaben uns nach oben, fanden einen Platz zwischen dem Plunder und schauten durch eine Ritze hinaus. Es begann schon zu dämmern. Wir sahen, dass alle auf einem grossen Platz nicht weit vom Haus entfernt versammelt wurden. Die Menschen sassen auf den nassen Pflastersteinen, umringt von Wachsoldaten.

Nach und nach wurde es ruhiger. Die Soldaten begannen Leute aus weiter weg gelegenen Häusern hinauszujagen. Ich dachte: »Es ist geschafft, sie sind dort, ich bin hier.« Novembertage sind kurz, am nächsten Abend würde ich hinauskommen und zu meinem Arbeitsplatz ins Lager mit den erbeuteten Waffen laufen.

Jetzt begriff ich auch den Grund für die speziellen Ausweise für die Experten aus dem Ghetto und die kasernenartige Ordnung im Beutelager. Mutz wollte »seine Juden« schützen. Natürlich wusste ich damals noch nicht, was uns bevorstand. Ich dachte über die Möglichkeit der Umsiedelung nach, doch die Müdigkeit übermannte mich, und ich schlief ein. Keine Ahnung, wie lange ich geschlafen hatte.

Ein lauter Schrei, sich wiederholend, eine flehende Stimme auf Jiddisch:

»Juden, wer ist dort oben auf dem Dachboden? Bitte, kommt raus. Ich flehe euch an, bitte, kommt raus! Sie kommen euch jetzt suchen, sie werden euch alle töten, aber mich und meine Familie auch.«

Was tun? Uns auf diesem kleinen Dachboden zu finden, war eine Kleinigkeit, und daran, dass sie uns töten würden, bestand kein Zweifel. Zudem auch die unglückliche Familie, die sich durch nichts schuldig gemacht hatte. Wir mussten hinaus.

Wie eine Katze sprang ich die Stiege hinunter, lavierte mich zwischen den Wachposten hindurch und rannte auf den Platz. Ich erhielt einige Schläge mit Gewehrkolben. Nichts Ernstes. Ich setzte mich hin und versuchte, mich der Menge anzuschliessen. Ich dachte, dass sie kommen, mich herauszerren und bestrafen würden, aber nichts passierte. Sie suchten nicht, und mir blieb das Schlimmste erspart. Auf diese Weise schafften sie es, noch einige »Schlauköpfe« aus den Häusern zu locken.

Und da sass ich nun in einer Gruppe von 600 Menschen. Alle mit ihren Familien, ich alleine. Unser Haus war weit weg, am anderen Ende des Ghettos. Meine Familie war wahrscheinlich in einer anderen Gruppe. »Vielleicht gelingt es mir, sie am neuen Ort wiederzufinden«, dachte ich. So sass ich alleine da und spürte den Hunger. Ein vorsichtiger Regen begann zu tröpfeln. Plötzlich näherte sich uns eine Gruppe Deutscher. Sie kamen ganz nahe heran. Ein völlig fremder und uns unbekannter Offizier hob die Hand:

»Ruhe bitte!«

Sofort verstummten alle, und er begann leise zu erklären:

»Hört her, Juden. Unser Oberkommando hat beschlossen, euch an einen anderen Ort zu bringen, wo die Lebensbedingungen viel besser sind. Leider sind wir in der Kriegszeit nicht in der Lage, eure Situation hier zu erleichtern. Dort werden natürlich alle arbeiten müssen, doch es werden annehmbare Bedingungen sein.«

An diesem Freitag, 14. November 1941, sprach er mit einer ruhigen, erklärenden Stimme. Alle glaubten ihm. Als er geendet hatte, liess er seinen Blick nochmals über uns schweifen:

»Vielleicht hat jemand vergessen, etwas mitzunehmen? Ich erlaube einem pro Familie, nochmals ins Haus zu laufen. Zehn Minuten Zeit.«

Aus jeder Familie stand einer auf und rannte los. Doch ich war alleine und hatte nichts in diesem Haus. Ich sass da, die Zeit verging, alle kamen mit Bündeln zurück; was sie tragen konnten. Kommando:

»Aufstehen! In Fünfergruppen, nach rechts, marsch!«

Nach rechts, das ist gut, dachte ich. Das ist in Richtung Bahnhof, der Weg zu meiner Arbeit. Vielleicht gelingt es mir, mich aus der Kolonne hinauszustehlen, vielleicht bemerkt mich mein Herr Mutz. Wir setzten uns in Bewegung. Die Stimmung war bei allen ruhig:

»Was können wir denn hier verlieren? Vielleicht wird es dort, am neuen Ort, besser. Der deutsche Offizier hat es doch erklärt und versprochen ...«

So gingen wir etwa 800 Meter, und plötzlich hielt die Gruppe so brüsk an, dass wir jeweils gegen den Vorderen stiessen. Vor uns, mitten auf der Strasse, stand eine Mauer von Soldaten mit aufgepflanzten Bajonetten. Mit schrecklichen Rufen lenkten sie die Kolonne nochmals nach rechts in eine kleine Strasse, die Swirki-Wigury-Strasse.

Doch diese Strasse führte nicht zum Bahnhof, sie führte aufs Feld, in den Wald, aus der Stadt hinaus – und da begriffen es alle! Die Menschen begannen zu weinen und ihre Familien um sich zu sammeln.

»Du warst nicht dort«

Es ist nicht möglich, es in Worte zu fassen. Menschen gingen betend, weinend, Verwünschungen ausstossend dahin. Es gab auch solche, die schwiegen. Doch das Allerschrecklichste waren die Kinder. Sie verstanden nicht, was los war, warum alle weinten und schrien. Sie hielten sich an den Beinen der Mütter, der Väter fest, die Kleinsten wurden auf den Armen getragen. Und alle zusammen gingen langsam vorwärts und verabschiedeten sich vom Leben, getrieben von den Wachsoldaten. Links und rechts – Bajonett neben Bajonett. In diesem Durcheinander von Weinen und Stöhnen waren deutliche Rufe zu hören:

»Schneller, schneller, nicht stehen bleiben, nicht reden!«

Stehengebliebene wurden mit Gewehrkolben angetrieben. Wer hinfiel, wurde erschossen. Stöhnen, hysterische Schreie und Weinen erhoben sich zum Himmel. Und ich in dieser Menge verfluchte den deutschen Wachsoldaten, der mir die Konserven gegeben hatte. Seinetwegen befand ich mich hier. Ich verfluchte mich, dass ich nicht noch vergessene Sachen holen gegangen war, denn ich hätte wegbleiben können. Sie hatten nicht gezählt, wie viele weggegangen und wiedergekommen waren. Ich verfluchte den Untergrund, dass sie uns nicht gewarnt hatten, denn sie hätten die Pläne der Deutschen kennen müssen. Und plötzlich kam mir der Gedanke, dass meine Familie vielleicht schon … oder waren sie vielleicht auf dem Weg, wie ich?

Ich beschloss zu fliehen. Der Tod war sowieso gewiss. Ich wollte nicht bis zu diesem Ort gehen. In der Ferne sah ich Bäume und Sträucher. Bis dahin werde ich gehen, und dann: ein Satz zur Seite, was dann auch immer passiert. Wir kamen näher. Welcher Wald, welche Sträucher? – Ein fast offener Platz. Ein Schritt, und Erschiessen erübrigte sich; von Bajonetten wäre man erstochen worden. Vielleicht weiter vorne, bevor sie uns alle anhalten.

Hunger und Durst waren verschwunden. Wir erhielten den

Befehl, uns an den Strassenrand zu setzen. Wir taten es, und ich berührte mit den Händen das Gras. Panik erfasste mich, denn das Gras war flachgedrückt. Das bedeutete, hier sassen schon welche vor uns.

Meine Zähne klapperten. Ich wusste nicht, ob vor Kälte oder vor Angst. Als alle angekommen waren, erhoben wir uns wieder und wurden durch eine extra abgeholzte Schneise geführt. Die Wachsoldaten standen dicht an dicht, auf jeder Seite. Wir gingen etwa 300 Meter und wurden an einer grossen Lichtung angehalten.

Wir standen dicht gedrängt, Einer am anderen. Eine einzige Menschenmasse, ein einziges Stöhnen – einzelne Wörter waren nicht zu verstehen. Plötzlich ertönte laut, mehrmals wiederholt:

»Männer nach rechts, Frauen und Kinder nach links.«

Die Menschen wollten sich nicht voneinander trennen. Doch bei den Deutschen herrschte Ordnung: Befehl war Befehl. Sie zerrten eine Familie nach der anderen hervor und begannen sie gnadenlos zu schlagen. Sie schlugen alle, auch Kinder – auch sie folgten ja dem Befehl in normaler Sprache nicht.

Als die Menschen das sahen, begannen sie sich aufzuteilen. Nichts half. Sie verabschiedeten sich, küssten sich und machten sich gegenseitig Mut. Ich ging alleine, ohne Familie, nach rechts zu den Männern. Die Frauen und die Kinder nach links. Nach etwa zwei Minuten waren sie ausser Sicht. Nur das Weinen und Schluchzen der Kinder, Mütter und Grossmütter war noch zu hören. Bei uns war es auch nicht still. Ich war schon halb tot; ich fühlte nichts und erinnerte mich an nichts. Alles Gesehene und Gehörte hatte mich ins Nichts geführt. Und da, laut:

»Kleider ausziehen, schnell, schnell!«

Die Soldaten gingen durch die Menschenmenge. Wer noch nicht begonnen hatte, sich auszuziehen, den schlugen sie, schlugen sie hart: »Nicht begriffen?« Den Menschen war es schon einerlei.

Was wir da nur ertragen mussten!

Wir zogen die Kleider aus und warfen sie hin, aber da gab es schon wieder Schläge: »Ordentlich zusammenlegen!« Schuhe auf einen Haufen, Hemden auf einen anderen, Unterwäsche auf einen dritten. Ordnung musste sein.

Ich trug einen dreckigen, verschmierten Arbeitsanzug. Meine Hände zitterten. Die Schuhe hatte ich schon ausgezogen. Jacke und Hemd zog ich über die Schultern, ich bekam die Knöpfe nicht auf; meine Hände zitterten. Ein Deutscher bemerkte es:

»Lass diese Scheisse, ab in die Reihe!«

Ich schaute mich um, doch ich sah nichts. Schreie, aber ich hörte nichts.

Dann, einen Moment später, kehrte mein Bewusstsein zurück. Ich sah einen Mann, fast nackt, der ein zitterndes Kind von etwa zehn Jahren an der Hand hielt. Er bat einen Deutschen:

»Herr Offizier, lassen Sie dem Kind die Kleider, es ist sehr krank, es hat Fieber, es hat eine Lungenentzündung ...«

Als Antwort: ein Schlag auf das Kind. Der Vater begann es schnell auszuziehen:

»Nicht schlagen!«

Sie jagten uns, einen nach dem anderen, über einen ausgetretenen Trampelpfad. Schüsse in der Nähe. Instinktiv schützte ich meinen Kopf mit den Händen. Wir liefen im Gänsemarsch den Hang hinauf und standen plötzlich vor zwei Gräben, die – wie mir schien – kein Ende hatten. Einer war schon voller Körper. Der zweite, unserer, war fast voll. Links war unser Grab, rechts ein Sandhügel. Der Lärm der Schüsse betäubte alle, ich konnte nicht atmen, ich konnte nicht schreien, ich verstummte. Zu meinen Ohren drang: »Schma, Israel!« Ich stiess gegen meinen Vordermann. Noch einen Schritt und – das war's ...

Als ich zu mir kam, begriff ich nicht, wo ich mich befand. Etwas lastete auf mir, ich versuchte mich zu rühren, befreite meine Ellenbogen und darauf meinen ganzen Arm. Meine

Finger lagen in irgendeiner warmen Flüssigkeit. Ich begriff, ich erinnerte mich! Mir blieb die Luft weg. Mit dem ganzen Körper half ich nach, mit Händen und Füssen.

Ich war später Partisan, Frontsoldat und Gefangener, aber eine solche Angst habe ich nie wieder erlebt.

So schnell wie möglich begann ich mich wie eine Schlange herauszuwinden. Plötzlich der Gedanke: Vielleicht gar nicht in diese Richtung?

Es vergingen einige Sekunden. Ich spürte einen Schwall frischer Luft. Es war die richtige Richtung! Noch eine Anstrengung, und ich hob meinen Kopf. Sterne ... Die kalte Luft umfing meinen Kopf, der restliche Körper war in der Wärme. Ich schob ausgestreckte Arme zur Seite und zog mich hoch. Von links kam ein Feuerschein und Stimmen, lautes Lachen. Wahrscheinlich waren die Soldaten am Feuer, hatten frei und vergnügten sich nach der »schweren Arbeit«. Ich kroch zum Sandhügel hin, hüpfte auf der anderen Seite hinunter und rannte los. Barfuss. Ich war kein Mensch, sondern ein Vogel. Meine Füsse berührten den Boden nicht. Ein Blick zurück, der Feuerschein war noch sichtbar, die Stimmen konnte man nicht mehr hören, ich flog weiter ...

Ich fiel hin, lag auf der feuchten, kalten Erde.

Durst ... in meiner Faust hatte ich Schlamm, in den Mund damit, und ich sog die Feuchtigkeit heraus, spuckte die Erde wieder aus und das noch ein paar Mal. Plötzlich der Gedanke: Zu wem kann ich denn gehen? Sie haben doch alle umgebracht, niemand ist übrig geblieben. Wohin soll ich gehen, wer wird mir helfen? Ringsum ist doch ein Meer von Hass, sogar diejenigen, die helfen wollten, können nicht. Sie würden mich denunzieren, den Deutschen ausliefern. Warum können sich alle Völker im Unglück gegenseitig helfen, können sich widersetzen. Nur unser Volk ist auf der ganzen Welt zerstreut, kann sich selbst nicht helfen und ist nicht in der Lage, sich zu verteidigen. Die, die für einen eigenen Flecken Erde, für den eigenen Staat kämpften, waren im Recht.

Ein Gedanke jagte den nächsten, und es eilte, es blieb nur wenig Zeit bis zur Dämmerung. Ich beschloss, zurück ins Ghetto zu gehen. Erstens, um etwas über das Schicksal meiner Familie zu erfahren, zweitens konnte ich sonst nirgendwo hin. Ich rannte. Barfuss. Halbnackt. Nach Hause.

Durchnässt und dreckig gelangte ich zum Haus. Gott, wieso bin ich am Leben geblieben? Ich ging in den Hausflur und stützte mich gegen die Wand. Laut und hysterisch begann ich zu schluchzen.

Alle Fenster und Türen standen offen. Der Hausrat war durchwühlt worden. Das Haus war leer. Keine lebende Seele.

Meiner selbst nicht mehr mächtig, sank ich zu Boden. Plötzlich hörte ich Mutters Stimme und dachte, dass ich phantasierte. Dann kamen die Stimmen meines Vaters und meines Bruders hinzu. Das kann nicht sein, das kann ich nicht glauben!

Ausgestreckte Hände hoben mich vom Boden hoch, ich öffnete die Augen. Nein, das war kein Traum! Ich sah sie, sah alle – Mutter, Vater, meinen Bruder. Mein Vater schimpfte, warum ich von der Arbeit weggegangen wäre, das Risiko auf mich genommen hätte. Ich antwortete:

»Papa, was soll die Unordnung im Haus?«

»Wir haben das absichtlich gemacht. Als die Deutschen kamen, um uns rauszujagen, dachten sie, dass sie hier schon gewesen wären.«

Er fuhr fort, mit mir zu schimpfen, aber ich konnte nicht aufhören zu schluchzen. Ich wollte alles erklären, aber die Worte blieben mir im Hals stecken – ich konnte nicht.

Wahrscheinlich verlor ich das Bewusstsein. Als ich Herzl neben mir erblickte, drückte er kräftig meine Hand:

»Jascha, beruhige dich, ich habe alles verstanden. Hör zu! Du warst nicht dort!« Er drückte meine Hand noch fester und nochmals: »Du warst nicht dort! Die Arbeiter des Lagers konnten heute für einen Tag nach Hause, um etwas über das Schicksal ihrer Familien zu erfahren. Morgen kehren sie zur

Arbeit zurück. Du auch. Zu keinem, keinem einzigen auch nur ein Wort darüber. Vergiss es, vergiss es! Du warst nicht dort!«

Es stellte sich heraus, dass in dieser Säuberungsaktion 8000 Juden vernichtet worden waren, nur zehn war es gelungen, aus dem Grab herauszukriechen und zurückzukehren. Die Verwundeten wurden sofort gefunden und zurückgebracht. Meinem Cousin, Ejrusch, war es gelungen, nach Hause zurückzukehren. Doch als er zu Hause niemanden antraf, irrte er ziellos durch die Strassen – die Deutschen brachten auch ihn weg. Sehr schnell verbreitete sich ein Gerücht über eine verwundete junge Frau, die es aus dem Grab herausgeschafft hatte und wie durch ein Wunder zurückgekommen war. Doch schon am nächsten Morgen wurde sie aufgegriffen und an Ort und Stelle erschossen: Zeugen dieser Schandtat sollten nicht am Leben bleiben.

Am nächsten Morgen stand ich, wie alle Arbeiter, am Tor. Der Wachsoldat kam, und wir gingen an die Arbeit. Ich weiss nicht, wie ich das alles hätte überwinden können, wenn mein Bruder nicht gewesen wäre. Bis heute höre ich seine Worte und spüre seine kräftigen Hände. Bei der Arbeit herrschte Trauer. Die Hälfte der jungen Frauen war nicht mehr da. Schweigen, Tränen.

Ich befürchtete, dass Wowa Abramson beginnen würde, Fragen zu stellen, aber er tat es nicht, er schwieg. Ich dachte, dass sie meine Abwesenheit wahrscheinlich gar nicht bemerkt hatten.

Mutz tauchte auf, angetrunken und mit düsterer Miene, er schaute keinem in die Augen.

»Weiterarbeiten, noch eine Woche müsst ihr hier übernachten.«

Die ganze Zeit über hatte ich ständig Angst: Wenn sie es plötzlich erfahren würden.

Gegen Ende November verlief die Arbeit wieder in normalem Rhythmus. Die Zeit hatte das ihre getan.

Im alten Ghetto wurden einige Strassen hergerichtet, es gab

jetzt weniger Menschen. Alle wussten, was geschehen war. Der Kommandant erklärte dem Vorsitzenden des Judenrates, dass irgendeine vorbeiziehende Einheit die Tat begangen hätte. Es würde sich aber nicht wiederholen, wenn wir uns gehorsam verhielten.

Bekanntschaft mit dem Gebietskommissar

Anfang Dezember 1941 arbeiteten wir immer noch im Beutelager, aber übernachteten bereits wieder zu Hause. Stets der gleiche Weg: morgens in der Kolonne zur Arbeit, abends nach Hause, etwas zu essen durften wir mitnehmen. Ich wurde sogar Experte für alle Arten von Schusswaffen. Mutz lobte seine Arbeiter und war stolz auf sie. Eines Tages kündigte er uns an, dass am nächsten Tag hohe Gäste kommen würden. Wir sollten ruhig arbeiten, nicht untereinander reden, und alle gelben Sterne sollten sauber und an der richtigen Stelle angenäht sein. Am nächsten Morgen waren die Arbeitsplätze aufgeräumt wie nie zuvor. Alle hatten saubere gelbe Sterne auf Brust und Rücken. Auf unserem Arbeitstisch lagen Teile von Maschinenpistolen und Schmieröl, alles in tadelloser Ordnung. Eine Maschinenpistole war fast völlig zerlegt. Wir warteten. Punkt zehn Uhr kamen sie an. Es herrschte absolute Stille in der Arbeitshalle, zu hören waren nur der Lärm vom Reinigen der Einzelteile und metallische Geräusche von uns, den Waffenschlossern.

Als Erster kam der diensthabende Wachsoldat herein: »Stillgestanden!« Wir standen alle Habacht. Hinter ihm erschienen die »Gäste«. Mutz und der Leiter des Lagers begleiteten sie. Besonders stach ein Besucher in brauner Uniform hervor.

»Weiterarbeiten!«, befahl Mutz und begann, dem hohen Gast zu erklären: »Wir sammeln erbeutete Waffen ein, reinigen und reparieren sie und übergeben sie dann der Armee zur weiteren Verwendung. Damit leisten wir einen grossen Beitrag zum Sieg über den Feind. Bei uns arbeiten ausgewählte, hochqualifizierte Spezialisten.«

In der Zwischenzeit reinigten die Frauen an einem grossen Tisch eifrig Einzelteile. Abramson und ich waren auf unserem Platz, standen auf einem kleinen Holzpodest; der eine sortierte schmutzige, verrostete Einzelteile aus, um sie in die Reinigung zu geben, der andere sammelte die bereits gereinigten ein. Alle arbeiteten, ohne die Gäste anzusehen.

Plötzlich kam der »hohe Gast« zu uns, stieg aufs Podest und stellte sich neben mich. Es war Gebietskommissar Erren. Ich wandte mich ihm instinktiv zu. Unsere Blicke trafen sich. Ich erschrak und wandte mich sofort wieder ab.

1969, als ich nach Hamburg zur Identifizierung von Erren eingeladen wurde, half mir diese Begegnung sehr. Während der ganzen Zeit des Besuchs hörte ich nur einen Satz, der an Mutz gerichtet war: »Gute Arbeit.« Als die Gäste gegangen waren, atmeten alle auf. Alles glatt verlaufen, Gott sei Dank!

Für mich persönlich war dieser Monat sehr ergiebig. Täglich überbrachte ich meinem Bruder Geschosse: panzerbrechende Geschosse, Brandgeschosse, Leuchtspurmunition, Granaten F-1 und RGD. Von den Schusswaffen waren von der Grösse her nur Einzelteile des Panzermaschinengewehrs zu gebrauchen. Wegen der Kälte kamen die Wächter fast nicht aus ihren geheizten Wachhäuschen heraus. Aber trotzdem waren meine Nerven aufs Äusserste angespannt.

Alles sollte so vonstatten gehen, dass es auch die eigenen Leute nicht bemerkten und dass – Gott behüte – wir nicht kontrolliert würden. Jedenfalls bereitete ich die F-1-Granaten immer vor, bog die Drahtenden gerade, damit es leichter war, die Sicherung zu entfernen. Es brauchte enorme Willenskraft. Die Frage war, woher sie nehmen? – ich war nie besonders mutig und entschlossen gewesen. Erklären konnte man das nur damit, dass ich Teil der Untergrundbewegung geworden war, die geheim, geheimnisvoll und im Glanz von Kampf und Ruhm erschien. Von da erhielt ich Befehle, sie waren auszuführen. Da fand ich alles Notwendige, um Unentschlossenheit und Angst zu überwinden. Für mich persönlich war das kürzlich Erlebte auch eine Motivation. Ich hatte nichts zu verlieren!

Vor Neujahr 1942 wurde ich unfreiwillig Zeuge eines Gesprächs zwischen Mutz und einem seiner Landsleute, der von der Front kam. Er war ins Hinterland geschickt worden. Sie waren schon bei Moskau, aber dort wurde seine Einheit völlig zerschlagen; durch ein Wunder blieb er am Leben. Er erzählte detailliert über die schreckliche Kälte und ununterbrochenen Angriffe der »Roten«. Mutz antwortete ihm:

»Und diese ›braunen Herren‹ dachten, sie hätten ein leichtes Spiel.«

Eine solche Nachricht gab uns Glauben und Hoffnung, dass dies hier noch nicht das Ende war. Ich erzählte Herzl alles. Detailliert schrieb er es auf und bedankte sich.

Einmal pro Woche, nachts, wenn alle schliefen, versteckten mein Bruder und ich die herbeigeschafften Sachen im Schuppen. Ich bemerkte, dass bedeutend mehr »Ware« da war, als ich hergebracht hatte. Ich begriff, dass ich nicht der Einzige war, stellte aber keine Fragen.

Doch ein Mutterherz kann man nicht täuschen. Eines Nachts, als wir mit Arbeiten beschäftigt waren, hörten wir ein Atmen. Wir drehten uns um: Mutter stand hinter uns.

»Kinder, ich hab's die ganze Zeit vermutet!«

Wir beruhigten sie irgendwie, erklärten und baten, es niemandem …

»Gott möge euch helfen!« Sie schleppte sich ins Haus.

Von dieser Nacht an begann sie abzumagern, sich zu sorgen, und jeder vorbeigehende Deutsche oder Polizist erfüllte sie mit Angst und Schrecken. Nur Gott weiss, was unsere Mütter in dieser Zeit durchmachen mussten.

Danke, Herr Mutz

Manchmal mussten alle Männer am Bahnhof Schrott verladen, der zur Weiterverarbeitung nach Deutschland geschickt wurde. Verladen wurde alles, was aus Stahl oder Eisen war. Bewacht wurden wir von der Kriegsgendarmerie, die sich durch besondere Grausamkeit auszeichnete. Wer ihrer Meinung nach schlecht arbeitete, den erschossen sie auf der Stelle. An einem solchen Verladetag fiel mir der Lauf einer 45-mm-Panzerabwehrkanone auf den rechten Fuss. Ich fühlte Schmerz. Jede Bewegung verstärkte ihn. Eine gefährliche Sache. Ich stand auf dem Bahnsteig und fürchtete, dass die Gendarmen es bemerken könnten. Unser Brigadier, Erich Stein, der ohne Begleitschutz war und einen Passierschein hatte, lief zu Mutz und informierte ihn über den Vorfall. Nach etwa einer halben Stunde kam Mutz mit einem kleinen Lastwagen. Er diskutierte kurz mit den Gendarmen und sagte dann laut:

»Jacob, zu mir!« Die Kollegen halfen mir beim Gehen, den Schmerz unterdrückend, kletterte ich in die Führerkabine.

»Was ist passiert?«

»Ein Kanonenlauf ist mir auf den Fuss gefallen.«

Ich schaute auf den Fuss, er war geschwollen und blau. Mutz hielt den Lastwagen bei der Ausfahrt an und sagte: »Bleib sitzen, steig nicht aus.«

Er ging in sein Büro.

Ilja Gratschuk, ein Bekannter, der als Hilfsarbeiter arbeitete, kam zu mir und fragte mich:

»Was ist los?«

»Mein Fuss, wahrscheinlich bringt er mich ins Ghettokrankenhaus.«

Ilja stellte einen Gasmaskenbeutel unter meinen Sitz, bat mich, ihn dem Doktor Bljumowitsch zu übergeben. Bevor ich es geschafft hatte nachzusehen, was da drin war, ging er wieder. Wahrscheinlich etwas zu essen. Mutz kam zurück mit einer grossen Mauserpistole, liess den Motor an und fuhr los. Er fuhr auf die Hauptstrasse hinaus, die ans Ghetto grenzte, hielt neben dem Zaun gegenüber dem Krankenhaus, zückte die Mauser und befahl den herumstehenden Menschen mit lauter Stimme, eine Öffnung im Zaun zu vergrössern und mich hindurchzuschleusen.

In der Zwischenzeit hatte ich aus Neugierde meine Hand in den Gasmaskenbeutel gesteckt und erstarrte vor Schreck. Das hatte mir gerade noch gefehlt: Granaten. Einige Männer kamen zu mir und halfen mir, aus der Kabine zu steigen und mit dem Beutel zum Zaun zu gelangen. Ich drehte mich nochmals um:

»Vielen Dank, Herr Offizier!«

Mit einem niedergeschlagenen Lächeln antwortete er:

»Das war's, Jacob. Verstanden? Das ist alles, was ich für dich tun kann.«

Den Beutel übergab ich dem Doktor, sie untersuchten mich – es war kein Bruch, sondern wahrscheinlich ein Bluterguss, eine Schrunde. Sobald der Fuss abgeschwollen wäre, gäbe es einen Gips. Von beiden Seiten gestützt, wurde ich nach Hause begleitet. Zur Arbeit kehrte ich nicht mehr zurück. Das war Ende März 1942.

Im Mai wurde der Gips entfernt, der Fuss war wieder in Ordnung. In dieser Zeit verschwand Doktor Bljumowitsch, und auch Nathan Liker, ein Spezialist für Nachrichtenwesen, war plötzlich weg.

»Wohin sind sie gegangen?«, fragte ich Herzl.

»Woher soll ich das wissen?«, antwortete er. »Vielleicht sind sie geflohen.«

Er wusste natürlich, dass sie sich schon im Wald versteckt hielten, angeworben von den Partisanen. Überhaupt bemerkte ich eine verstärkte Bewegung; Herzl ging oft aus dem Haus, und schon zweimal hatte er gesagt, dass er bei Bekannten übernachten würde. Was er nicht erzählte, bemerkte ich trotzdem; er traf sich mit Deljatizkij, Zirinskij, Kremen und auch mit meinen Bekannten aus dem Beutelager, Abramson und Imberg. Besonders viel Zeit verbrachte er mit Abram Doktortschik. Nachts versteckten wir neue Beute im Schuppen, was bedeutete, dass es Menschen gab, die sie herbrachten. Die Lage im Ghetto wurde immer schlimmer. Hunger, Platzmangel, unzureichende hygienische Bedingungen, das Fehlen von Medikamenten und medizinischer Hilfe führten zu Epidemien und erhöhter Sterblichkeit. Einmal fragte ich Herzl:

»Mir ist es verleidet. Vielleicht sollten wir in den Wald abhauen?«

Herzl schaute mich aufmerksam an und antwortete:

»Vorläufig ist unser Platz noch hier.«

Ich wusste damals noch nicht, dass die Verbindung zu den Partisanen bereits bestand. Vom Untergrund wollten sie Munition, Waffen, Schuhe und Kleider. Ihre Devise war: »Bravo, macht weiter so, aber geht nicht auf eigene Faust in den Wald! Nur wenn ihr angeworben werdet.« Der Arzt, der Funker, die Krankenschwester brachen sofort heimlich auf, als sie angefragt wurden.

Während wir zu Hause warteten, passierte einem der Unseren ein Fehler: Ilja Gratschuk, ein Hilfsarbeiter, hängte beim Eingang im Schweinestall eine Tasche auf. Pani Zosja, die Leiterin der ans Ghetto angrenzenden Nebenwirtschaft, die die Nahrungsmittel für die Soldaten verwaltete, bemerkte sie und dachte, jemand hätte Eier aus dem Hühnerstall gestohlen. Sie öffnete die Tasche, entdeckte die Handgranaten und begann zu schreien. Ilja sah es und rannte ins Ghetto. In der gleichen Nacht verschwand er. Am nächsten Tag erschien kaum jemand auf der Arbeit. Die Nachricht über diese Entdeckung tat ihre Wirkung. Im Ghetto herrschte Panik. Herr Quint, der Vorsitzende des Judenrates, versuchte vergebens, die Menschen zur Arbeit zu bewegen. In der Stadt tauchten neue Armee-Einheiten auf. Besonders in Acht nahmen wir uns vor den Soldaten aus den lettischen und litauischen Polizeibataillonen. Wir versteckten uns, auf die Häuser des Ghettos verteilt. Es war beschlossene Sache, dass wir nicht hinausgehen würden. Die unterirdischen Verstecke lagen bereit und waren gut getarnt.

Wir konnten uns mit Wasser und Essen versorgen – so viel eben vorhanden war. Herzl und ich entschieden, dass wir nicht in die unterirdischen Verstecke gehen würden.

Unser grosser leerer Schuppen hatte einen Anbau, der mit Brennholz zum Heizen gefüllt war. Seine Mitte war frei geblieben, und man konnte durch ein loses Brett hinein und hinaus. Die Tarnung war gut und von aussen nicht sichtbar. Wir Bewaffneten würden uns dort verstecken und, falls es unumgänglich würde: kämpfen. Die Waffen waren bereit. Granaten und zwei Pistolen, ein Maschinengewehr mit Trommelmagazin. Am Montag, 29. Juni 1942, gab es Alarm. Das Ghetto war von Deutschen, Letten und Litauern eingeschlossen. Herr Quint, der Vorsitzende des Judenrates, wurde zum Tor zitiert und auf der Stelle erschossen.

Die Aktion begann.

Fast alle Bewohner unseres Hauses waren in ihren Verstecken. Der Platz reichte nicht für alle. Die Familie Garnkowskij verbarg sich auf dem Dachboden. Nur meine Grossmutter Bella Rachel wollte sich um keinen Preis verstecken.

»Das ist mein Haus, und ich werde es nicht zurücklassen.«

Sie zog die besten Kleider an und trug so an diesem heissen Tag ihren Pelz. Herzl, Abram Doktortschik und ich würden uns wie abgesprochen im Anbau verstecken.

Die Stimmen der Soldaten waren schon zu hören. Wir drehten das Brett, krochen hinein und sassen still. In den Nachbarhäusern schrien Deutsche schon: »Rauskommen!«

Schüsse, Explosionen. Die Soldaten kamen in unseren Hof. Die gleichen Rufe:

»Rauskommen, rauskommen!«

Wir waren alle in Alarmbereitschaft und schauten durch die Ritzen.

Zweite Begegnung mit Gebietskommissar Erren

Eine Gruppe Soldaten kam in unseren Hof. Ich erkannte den Gebietskommissar Erren, der die Lagerhalle besichtigt hatte. Auf der linken Seite über den Bauch hatte er eine Parabellumpistole hängen. Er beobachtete die Situation, sah sich das Haus an. Die Soldaten warfen Brandsätze, das Haus fing an zu brennen und zu rauchen. Mein Cousin Garnkowskij sprang vom Dachboden hinunter. Ein Schuss, und mein Cousin fiel, noch in der Luft getroffen, auf die Erde. Wir hörten Applaus.

»Bravo, Litauer!« Das war Erren, sehr zufrieden.

Plötzlich kam aus dem von Flammen eingehüllten Haus meine Grossmutter Bella Rachel heraus, in Flammen stehend, ging sie auf die Deutschen zu. Schreie und Lachen.

»Schaut euch mal die brennende Hexe an!«

Aber sie, langsam, Schritt für Schritt, näherte sich ihnen. Niemand schoss. Da zog der Gebietskommissar Erren entschlossen mit der rechten Hand die Pistole aus der geöffneten Tasche und schoss.

Die Grossmutter hielt sich noch immer aufrecht, noch ein Schritt, und zwei weitere Schüsse waren zu hören. Langsam fiel das brennende Knäuel vor unseren Augen zu Boden ...

Wir in unserem Versteck umarmten und küssten uns zum Abschied, denn wir waren überzeugt, dass dies unser letzter Tag sein würde. Unsere Familien waren wohl schon erstickt. Das Haus brannte, die Leichen meines Cousins und der Grossmuter lagen in unserem Hof. Zum Glück wehte der Wind nicht auf unsere Seite. Ein Soldat schlug dem Offizier vor:

»Lasst uns diesen Schuppen niederbrennen.«

Er ging ringsherum.

»Lass, der ist leer, da ist niemand drin.«

Sie standen noch zwanzig Minuten zur Beobachtung da, dann gingen sie weg. Wir wollten raus, aber Abram erlaubte es nicht. Er hatte bemerkt, dass ein Soldat nicht weit entfernt stand. Und so sassen wir dicht aneinandergedrängt und weinten über den Tod unserer Familien. Da hörten wir einige Schüsse in der Nähe, aber wussten nicht, was das bedeuten sollte. Es stellte sich heraus, dass mein Bruder Ruben aus dem verrauchten Versteck herausgerannt und in den Fluss gesprungen war. Wie wir so dasassen, hörten wir plötzlich Geräusche und Stimmen.

Jetzt begannen aus dem brennenden Haus Menschen herauszukommen: als Erstes meine Schwester Raja, welche die Hand an einem brennenden Stück Holz verbrannt hatte. Dann alle anderen. Wir gingen ihnen entgegen, halfen ihnen herauszuklettern. Unser Glück kannte keine Grenzen. Meine Mutter unter Tränen:

»Ich kann es noch gar nicht fassen, der eine Sohn ist nicht mehr.«

Wir Lebenden versammelten uns, nahmen die Waffen, was an Essen da war und warteten auf die Dunkelheit. Dann wollten wir alle zusammen aus dem Ghetto, nur weg, so schnell und so weit wie möglich ...

Die Grosseltern: Die Grossmutter Bella Rachel (3. v. r.) und der Grossvater Abraham Nachman (1. v. l.). Rechts der Bruder des Vaters, Shlomo, mit seiner Frau Hanna, zwischen den Grosseltern die Schwester des Vaters, Mania, und ihr Mann, 1934.

Flucht aus dem Ghetto

Nacht. Wir bewegten uns schnell, immer weiter weg von der Stadt. Es stellte sich heraus, dass wir nicht alleine waren. Es schlossen sich uns immer mehr Überlebende an, die aus dem nur noch teilweise bewachten Ghetto hatten fliehen können. Eine ziemlich grosse Gruppe, etwa dreihundert Menschen. Wir kamen bis zu einer grossen Waldfläche.

Dämmerung. Es wurde gefährlich weiterzugehen. Wir mussten den Tag über ruhig warten und am Abend weiter. Unser Ziel: die Rafalowski-Wälder. Partisanengebiet. Abram Doktortschik und Herzl waren unsere Begleiter, sie kannten den Weg. Wir entschieden, dass eine so grosse Gruppe nicht weitergehen konnte: Zu gefährlich, man hätte uns leicht bemerken können. Wir teilten uns auf und gingen in den Wald. Familienweise richteten wir uns für eine Rast ein. Uns war leicht ums Herz – ringsum hörte man die Vögel singen, um uns war frisches Grün, saubere Luft, blauer Himmel. Mein Gott! Im Ghetto hatte es das alles nicht gegeben. Wir hatten diese Pracht ganz vergessen.

Doch es gab auch Tränen: Nicht alle hatten es aus dem Ghetto herausgeschafft. In den Familien hörte man Stimmen: Wo ist meine Mama? Und mein Vater, mein Bruder … sie sind schon nicht mehr …

Wir hörten die Stimmen von Hirten. Morgens jagten sie das Vieh auf die Weide. Wir mussten sehr vorsichtig sein, die Gefahr war nicht vorüber. Abends waren alle auf den Beinen. Kleinere Gruppen bilden und dann vorwärts durch den Wald, Dörfer und Wege umgehend. Das Bellen der Hunde erschreckte uns.

Erstaunlich war das Verhalten der kleinen Kinder: Unser jüngster Bruder, der fünfjährige Uri, benahm sich wie ein Erwachsener. Keine Bitten, keine Klagen. Er spürte die tödliche Gefahr. Und er fand Naschwerk – die Waldbeeren.

Es gab keinen Zweifel daran, dass Jagd auf uns gemacht

wurde. Und tatsächlich, etwa zur Mittagszeit des folgenden Tages hörten wir zunehmend Schüsse und Explosionen am Waldrand. Das dauerte etwa fünf Minuten, danach Stille. Dann das Gleiche an einer anderen Stelle. Die Deutschen wussten, dass es auch Bewaffnete unter den Flüchtlingen gab, und in den dichten Wald zu gehen, wo hinter jedem Busch das Ungewisse lauerte – das war gefährlich. So hatten sie sich eine Taktik ausgedacht: mit Schüssen und Explosionen viel Lärm machen. Pause. Hören, woher Weinen und Schreie kommen, denn unter den Flüchtlingen gab es wahrscheinlich Kinder, welche anfingen zu schluchzen, wenn sie spürten, dass man diesen Ort mit grosser Übermacht einkreisen und mit den Flüchtlingen Schluss machen wollte.

Umso erstaunlicher war es, dass wir das instinktiv verstanden hatten. Wir waren in unserer Gruppe etwa 40 Erwachsene, dazu Kinder. Wir flüchteten leise, ohne überflüssigen Lärm.

Erzählt wurde uns aber eine Tragödie, die sich in der Gruppe der Familie Mukasej ereignet hatte:

Zu ihnen war ein junges Paar mit einem einjährigen Kind gestossen. Sie waren nicht in der Lage, sein Weinen zu stoppen. Die Leute hielten sich die Ohren zu und schlugen ihnen vor, wegzugehen, die Gruppe zu verlassen. Sie wollten nicht, sie fürchteten sich. Nach einer dieser Schiessereien nahm der Mann das schreiende Kind aus den Armen seiner Mutter und entfernte sich. Nach einigen Schritten war er aus dem Blickfeld entschwunden. Alle wussten, was passieren würde, alle schwiegen, niemand hatte versucht, ihn aufzuhalten. Als er zurückkehrte, schluchzte er in den Armen seiner Frau. Es herrschte Totenstille, keiner schaute den anderen an, alle fühlten sich mitschuldig. Plötzlich hörte man Weinen unter der Erde. Der Vater löste sich von der Mutter und ging nochmals zurück. Wieder schwiegen alle. Niemand versuchte sich einzumischen – absolute Stille. Er kam wieder zurück in die Umarmung seiner Frau.

Grausen und Schmerz erfasste uns alle, als wir davon hör-

71

ten. Sofort erhoben wir uns und gingen von diesem Ort fort. Alle fühlten Scham und Schande, ohne diesen Gefühlen Ausdruck verleihen zu können. Im Versuch, unser Leben zu retten, töteten wir unsere eigenen Kinder. Gott! Wo in der Geschichte der Kriege muss man sein Kind ersticken, um am Leben zu bleiben?

Wir näherten uns dem Ziel. Unsere beiden Boten kamen mit Vertretern der Partisanen zurück. Einen von ihnen erkannte ich. Es war jener Fremde, den ich auf unserem Dachboden meinem Bruder das »Geschenk« hatte geben sehen: Grigorij Andreewitsch Dudko, aus der Schtschors-Einheit. Noch eine durchwanderte Nacht, und wir näherten uns einem leeren Landhaus, »Wehrkommando« genannt, in der Nähe des Dorfes Okuninowo im Bezirk Woltschi Nory (»Wolfshöhlen«). Auf dem Weg erzählten die Partisanen uns, dass ihnen vor drei Tagen ein erschöpfter junger Mann in zerrissenen Kleidern nachgelaufen wäre. Er hatte so starken Schluckauf, dass man fast nicht verstand, was er zu erzählen sich bemühte. Zu verstehen war nur, dass er aus einem brennenden Haus fliehen konnte und seine ganze Familie umgekommen war. Das »Wehrkommando« war nun schon zu sehen. Bewaffnete Partisanen standen Wache. Und plötzlich: »Mama!«

»Ruben!« Unsere Mutter rannte auf ihn zu, schluchzend vor Freude, und schloss ihn in seine Arme. Mein Bruder hatte sich also retten können.

Die ganze Familie hatte aus dem Ghetto in die Wälder und zu den sowjetischen Partisanen fliehen können. Wir hatten Waffen in den Händen. Wir bekamen zu essen, wir sassen als freie Menschen auf dem grünen, duftenden Gras. Ringsum Stille und das Rauschen eines Lüftchens in den Wipfeln der Kiefern und Tannen. Und über uns ein riesiger, klarer blauer Himmel.

Das Kommando der Schtschors-Einheit entschied: junge Bewaffnete in die Einheit, alle anderen ins Familienlager.

Das Partisanenleben hatte begonnen.

II

Bei den Partisanen

Zu dieser Zeit, Anfang Juli 1942, bestand das Kommando der Schtschors-Einheit aus drei Kommandanten:

Kommandant Pawel Wasiljewitsch Pronjagin, Leutnant der Reserve, Kommissar Grigorij Andreewitsch Dudko und Stabschef Karp Emeljanowitsch Merzljakow, Hauptmann und Berufsmilitär.

Die Einheit war in vier Gruppen aufgeteilt: die 51., die kleinste, unter dem Kommando von Mischka »dem Koch«; die 52. unter dem Kommando von Kusnezow; die 53. unter dem Kommando von Bobkow und die 54. unter dem Kommando von Leontjew. Die letzte Gruppe war die kampftüchtigste und bestand aus lauter ehemaligen Soldaten der Roten Armee.

Von uns wurden mehr als hundert junge Bewaffnete ausgewählt und der 51. Gruppe zugeteilt. Aber Kommandant Mischka und alle anderen Partisanen weigerten sich kategorisch, mit uns Juden in einer Einheit zu sein. Das war ein erster Schlag, denn wir hatten ja denselben Wunsch und Traum, zu kämpfen und uns zu rächen. Aber nun …

In persönlichen Gesprächen sagten sie uns offen:

»Was – Kämpfer? Euch haben sie zu Tausenden zur Schlachtbank getrieben, ohne jeden Widerstand, ohne Kampf!«

Leider kannten Propaganda und Hass der Nazis gegen die Juden keine Grenzen und infizierten viele Partisanen.

Aber es gab noch einen anderen Grund für ihre Ablehnung, nämlich die Überzeugung, dass die Deutschen sie alle verfolgen würden, um die Juden zu vernichten. Wer mit uns wäre, der käme ebenfalls um.

So blieben wir in der Stadt, halfen den Partisanen, beschafften unter Einsatz des eigenen Lebens, was sie brauchten – alle Achtung! Zum anderen tauchten wir im Wald neben ihnen auf, bereit zu kämpfen.

Natürlich hatten etwa achzig Prozent von uns neu Dazugekommenen keinerlei militärische Ausbildung, so wenig wie die

Mehrheit der Partisanen, die zu einer Einheit kamen. Doch der Drang und der Wunsch, zu kämpfen und sich zu rächen, waren grenzenlos.

Vom Kommando brachte uns nur Stabschef Karp Merzljakow Skepsis – gelinde gesagt – entgegen. Doch die Meinungen von Pronjagin und Dudko waren ausschlaggebend.

Unter den Partisanen war ein Jude, Veteran des Winterkrieges, Berufsoffizier, Oberleutnant Efim Fjodorowitsch. Er wurde zum neuen Kommandanten der 51. Gruppe ernannt. Mit Freude nahm er uns auf und ging diese keineswegs leichte Arbeit begeistert an. Sie fanden noch einen »getarnten« Juden, Leutnant Efim Borisowitsch Podolskij, genannt Fima. Er wurde zum Kommandanten des 1. Zuges ernannt. Unter den Nichtjuden stellte sich Oberleutnant Wasilij Wolkow freiwillig zur Verfügung. Er wurde zum Kommandanten des 2. Zuges ernannt. Kommandant des 3. Zuges wurde unser Abram Doktortschik.

Zu Kommandanten der Aufklärungsabteilung wurden Untergrundkämpfer ernannt: Kremen Zorach und mein Bruder Herzl. Ihr Hauptauftrag war, die Unversehrten aus dem Slonimer Ghetto herauszuschaffen und versteckte Waffen mitzubringen. Zu unserer 51. Gruppe kam auch ein Hygienezug unter dem Kommando von Doktor Bljumowitsch hinzu.

So wurde in der Schtschors-Einheit unter dem Kommando von Pawel Wasiljewitsch Pronjagin die jüdische Partisanengruppe Nummer 51 organisiert.

Nach den ersten Tagen nahm unsere Einheit nochmals mehr als zwanzig »Neue« auf. Wir waren alle bewaffnet, mit einem Maschinengewehr in jeder Abteilung, manchmal zwei. Wir wurden sofort in der Kriegsführung unterrichtet: wie sich bewegen, sich tarnen, springen, fallen, zur Seite robben, Grenzen abstecken, schnell aufsteigen und vorwärts kommen. Viel Zeit verwendeten wir dafür, den Umgang mit den Waffen und ihre Pflege zu erlernen. Sie mussten immer einsatzbereit und funktionstüchtig sein.

Normalerweise erwacht in diesen Jahren bei jungen Männern die Liebe zu den jungen Frauen, aber bei uns war es eine andere Liebe: die zur Waffe. Wir pflegten sie, reinigten sie die ganze Zeit, schmierten sie ein, liessen sie nirgendwo liegen, immer und überall hatten wir sie dabei, wir schliefen mit ihr.

Während unserer sogenannten Unterrichtsstunden begannen wir kleine Ablenkungsüberfälle zu machen: Wir errichteten Strassensperren, sägten Telefon- und Telegrafenmasten um, nahmen aus dem Hinterhalt Polizisten unter Beschuss, demontierten Eisenbahnschienen und sprengten militärische Eisenbahntransporte in die Luft.

Wir können es auch

Wir neuen Partisanen nahmen an den so genannten Haushalts-
operationen teil, wo es hauptsächlich darum ging, die Einheit
mit Lebensmitteln zu versorgen. In vielen geplünderten
Häusern fanden wir jüdisches Eigentum. So stiessen wir einmal
auf eine kleine Tischdecke, mit der man während des Gebets
und des Anzündens der Kerzen den Sabbatzopf zudeckt. Ich
nahm sie als Talisman mit. Den ganzen Krieg über hatte ich
diese Tischdecke bei mir.

Unsere ganze Familie war in der 51. Gruppe: Herzl als Kommandant der Aufklärungsabteilung, ich als Maschinengewehrschütze im ersten Zug, Ruben als Soldat des Haushaltszuges,
aber auch Mutter als Köchin und Vater als Verantwortlicher für
Treibstoff und Schutz. Die beiden Kleinen waren bei ihnen.
Meine Schwester Raja gehörte zum Sanitätszug.

Am 2. August vor der Morgendämmerung gab es Alarm.
Alle mussten sich schnell formieren, in voller Kampfaus-
rüstung. Ich schaute mich um: Die ganze Einheit war aufgestellt – das hiess, es war doch keine so kleine Operation. Der
Befehl lautete, sich geräuschlos durch den Wald zu bewegen,
mit Abstand zwischen den Gruppen. Den genauen Auftrag
würden wir unterwegs erfahren.

Von weitem sahen wir am Waldrand die Eltern mit den
Kindern. Sie schauten zu uns herüber und winkten. Zur gleichen Zeit kam eine grosse Gruppe unter dem Kommando von
Kremen Zorach aus der Stadt. Sie brachten Waffen, Munition
und anderes mit. Unter ihnen war Lilja, die junge Frau von
David Blumenfeld, meinem Abteilungskommandanten. Nachdem er die Erlaubnis erhalten hatte, lief er aus der Kolonne; sie
umarmten und küssten sich, verabschiedeten sich, und er kam
wieder in unsere Kolonne zurückgerannt. Im kommenden Gefecht sollte David sterben.

Wir gingen leise vorwärts, ein grosser Angriff, etwa fünfhundert Soldaten, vor uns die Aufklärer. Wir begriffen, dass es

eine ernste Sache war. Wir bewegten uns mit Rastpausen dazwischen, Dörfer und Weideflächen umgingen wir, gegen Abend hielten wir an. Ruhepause. Bis zum Ziel waren es noch etwa zehn Kilometer, ein zweistündiger Marsch. Befehl: Im Morgengrauen greifen wir die Bezirksstadt Kosowo im Brester Gebiet an. Dort befanden sich eine deutsche Garnison, eine Kompanie Litauer und die lokale Polizei. Der Auftrag: den Feind vernichten, Waffen erbeuten und – das Wichtigste – Medikamente. Ehrlich gesagt, fürchtete ich mich zu Beginn, denn es war mein erster grosser Kampfeinsatz. Aber als ich mit eigenen Augen unsere grosse Streitmacht sah, beruhigte ich mich. Bis zur Dämmerung blieben wir alle auf unseren Ausgangspositionen. Uns wurden die Richtung des Angriffs, Orientierungspunkte zur Linken und Rechten mitgeteilt.

Wir warteten auf das vereinbarte Signal. Es stellte sich heraus, dass die Tschapajew-Einheit für diese Operation zu uns gestossen war. Ihr Auftrag war es, keine Verstärkung für den Feind durchzulassen. Wie es schien, war die Operation gut vorbereitet. Da kam das Signal zum Angriff. Alle zusammen rannten wir los und merkten zuerst nicht, dass wir durch das Ghetto liefen. Fürchterlich erschreckte Gesichter. Die Juden begriffen nicht, was los war. Aber wahrscheinlich hörten sie, dass wir einander auf Jiddisch zuriefen. Sie streckten uns die Hände entgegen: »Jiden, Jiden!« Aber wir hatten keine Zeit. Vorwärts zum Platz.

Wir wurden unter Beschuss genommen. Wir warfen uns hin und erwiderten den Beschuss. Es kam der Befehl, das Feuer auf den Glockenturm der Kirche zu richten, von wo es Schüsse hagelte. Unser Zug erhob sich und rannte los. David fiel hin, von einer Kugel getroffen. Wir warfen uns wieder zu Boden und eröffneten ein Dauerfeuer aufs Ziel. Ich wechselte das Trommelmagazin, robbte zur Seite. Schüsse. Befehl von Kommandant Fjodorowitsch: »Mir nach! Los!«, und wir rannten. Die Polizeieinheit, die litauische Garnison und die deutsche Kommandozentrale waren eingenommen. Ringsum lagen Leichen.

Der Angriff ging weiter. Die Litauer flehten uns auf den Knien um Gnade an. So etwas hatte ich noch nie gesehen: Es waren Soldaten aus einem litauischen Polizeibataillon wie jenem, das im Slonimer Ghetto so »tapfer« mit Unbewaffneten abgerechnet hatte.

Wir rannten ins Krankenhaus. Alle Liegen waren mit Kranken besetzt, und wie man so sagt: Wer liegt, den schlägt man nicht. Da kam Pronjagin als Kommandant der Einheit mit einem Einwohner des Ortes, der ihm zeigte: Dieser ist ein Kranker, jener ein Polizist. Es stellte sich heraus, dass mehr als zehn Polizisten krank gespielt hatten. Die Abrechnung folgte an Ort und Stelle.

Doktor Bljumowitsch begann schnell, Medikamente zu sammeln und einzupacken. Für ihn war das die wertvollste Beute. Es war ein vollständiger Sieg, die Garnison war zerstört. Die Deutschen hatten nicht einmal versucht, den Litauern zu Hilfe zu kommen.

Erneut Schüsse vom Glockenturm. Auf Pronjagins Befehl stiegen wir hoch: »Ich will sie lebend!« Wir nahmen sie fest. Wie sich erwies, waren es Ortsansässige. Wir begleiteten sie nach Hause. Dort wurden sie alle ... Der Krieg hat seine Gesetze.

Auf dem Rückweg bemerkte ich, dass alle Bewohner des Ghettos unterwegs waren, hierhin, dorthin. Es gab einige, die sich uns anschlossen, aber die meisten gingen in benachbarte Städte, die in den Grenzen des Dritten Reiches lagen. Es gab Gerüchte, dass die Juden dort nicht angerührt würden. Ein Junge kam zu mir, nahm meine Hand und liess sie nicht mehr los:

»Ich komme mit dir.«

»Komm mit, aber lass meine Hand los.«

Er hiess Berl Ewschizkij.

Wir kehrten zur Basis, in den Wald, zurück. Wir waren alle müde, aber voller Enthusiasmus: Wir können es auch, wir sind keine Schafherde, und auch unsere Kugeln töten. Im Übrigen hatte diese Operation eine enorme Bedeutung. Die Nachricht, dass die Garnison aufgerieben worden war, verbreitete sich schnell in der Umgebung. Juden begannen aus den verschiedenen Ghettos in den Wald zu fliehen. Die Familien der Polizisten flohen aus den Dörfern in die Bezirkshauptstädte unter den Schutz der Deutschen, denn sie fürchteten die Partisanen. Wahrscheinlich überdachte jetzt jeder zweimal seine Entscheidung, den Deutschen zu helfen ...

Auch wir hatten Verluste. Es gab etwa zehn Verwundete und Tote, darunter unser Abteilungskommandant, David Blumenfeld. Mit Kummer und Sorgen erwarteten uns die Eltern und jüngeren Geschwister.

Nach der Kosowo-Operation traf das Kommando unserer Einheit die Entscheidung, nach Osten zu ziehen und sich der Front anzuschliessen.

Vergib uns, Nastenka

Ende August 1942. Die Rafalowski-Wälder im Westen Weiss-russlands. Wir waren schon seit zwei Monaten Partisanen. Es war uns gelungen, an Ablenkungsüberfällen, Hinterhalten, Aufklärungs- und Beschaffungsoperationen teilzunehmen. Mit jedem Tag wuchs in uns das Vertrauen in unsere Kraft.

Der Kommandant unserer Gruppe, Oberleutnant Efim Fjodorowitsch, führte Ljustek Metek und mich – Maschinen-gewehrschütze und der zweite Mann neben Ljustek – auf Befehl des Kommandanten Pronjagin der Ablenkungsabteilung von Pawel Kotscherganow zu.

Wir hatten den Befehl erhalten, einen feindlichen Eisen-bahnwaggon, der auf der Eisenbahnmagistrale Brest–Moskau nach Osten fuhr, südlich des Bahnhofes Lesnaja zum Ent-gleisen zu bringen. Wir waren sieben in unserer Gruppe: fünf Sprengmeister und wir zwei, als Schutz und Sicherung. Bis zum Ziel brauchte es zwei Tage Fussmarsch.

Mit Einbruch der Dunkelheit gingen wir los, umgingen dichter besiedelte Orte und vermieden es, der örtlichen Be-völkerung zu begegnen. Tagsüber tarnten wir uns und ruhten uns aus. Wir hatten Waffen dabei, zwei Eimer voll aus Geschossen gewonnencm Sprengstoff und Lebensmittel.

Am Ende des zweiten Tages nahmen wir unsere Positionen ein und warteten auf die Dämmerung, um unbemerkt zum Eisenbahndamm zu gelangen. Ich und mein Freund Ljustek waren auf unseren Posten. Plötzlich bemerkten wir, dass sich jemand dem Waldrand näherte, in den Wald hineinging, um dann wieder am Waldrand aufzutauchen. Die Person bewegte sich in unsere Richtung. Sofort riefen wir den Kommandanten Pawel Kotscherganow. Wir beobachteten die Gestalt weiter und waren uns bald ziemlich sicher, dass es eine junge Hirtin war, die hier herumspazierte. »Gott behüte, dass sie auf uns stösst!«, murmelte Pawel mit zusammengebissenen Zähnen.

Wir waren gut getarnt und verkrochen uns in der Hoffnung, dass sie an uns vorbeiginge. Aber es kam anders: Sie stiess direkt auf uns!

»Oj! Wie habt ihr mich erschreckt!«, sagte sie laut. »Wer seid ihr? Tatsächlich Partisanen?«

Nach einer kurzen Pause entwickelte sich ein Gespräch. Pawel fragte sie, ob im Dorf Deutsche oder Polizei wäre, was sie im Wald suchte. Nastja – so hiess sie – beruhigte sich und erklärte, dass die Deutschen immer wieder ins Dorf kämen, es eine lokale Polizei gäbe und dass sie im Wald eine Kuh suchte, die nicht von der Weide zurückgekehrt wäre.

Von Nastjas Gesicht waren jegliche Spuren von Schreck oder Anspannung verschwunden, sie freute sich sogar und sagte voller Eifer, dass sie schon von den Partisanen gehört hätte, aber zum ersten Mal sähe, wie sie wären.

»Oj«, rief sie, »die Mädchen im Dorf werden es mir nicht glauben!«

Unser Gespräch wurde immer offenherziger, und Nastja brachte uns sehr viel Aufrichtigkeit und Vertrauen entgegen. Der Kommandant, der kaum am Gespräch teilnahm, befahl plötzlich den anderen der Gruppe, tiefer in den Wald hineinzugehen, ich aber sollte mit ihm da bleiben.

Ich fuhr fort, mit Nastja zu reden, und fühlte mich von ihrer Einfachheit, ihrem Vertrauen und der von ihr ausgehenden weiblichen Wärme angenehm angezogen. Der Kommandant stand einige Meter von uns entfernt, und ich bemerkte, dass er das Bajonett auf sein Zehnschussgewehr steckte.

Der Schreck, der mich erfasste, war unbeschreiblich. Sogar jetzt, Jahrzehnte später, wirkt er immer noch nach. Im Ohr hatte ich noch ihre Stimme, in meinen Augen ihre Gestalt, aber vor mir – ihre Leiche, erstochen vom Bajonett.

»Wozu?«, brachte ich erstarrt heraus.

»Gerede!«, fletschte der Kommandant überreizt die Zähne. Die anderen kamen hergerannt und zogen den toten Körper weiter in den Wald, versteckten ihn irgendwie, und wir beeilten uns, den Auftrag zu erfüllen. Auf dem Weg zum Eisenbahndamm wandte sich Pawel an mich, jedoch ohne mich anzusehen, und brummte:

»Wir haben einen Auftrag erhalten und müssen ihn unter allen Umständen ausführen! Verstanden?«

Und doch gelang es uns nicht, den Auftrag gemäss Befehl auszuführen.

Die Jungs hatten eine Mine platziert, getarnt, das Kabel verlegt: Nichts mehr war zu sehen. Wir gingen zurück zum Waldrand und warteten – wie die Zeit doch langsam verging. Plötzlich war – laut und die morgendliche Stille zerreissend – das Rattern der Räder eines sich nähernden Eisenbahnwagens zu hören. Alles stockte, der Atem, die Gedanken, in unruhiger Anspannung erstarrte mein Körper. Plötzlich hörten wir einen dumpfen Schlag. Was war das? Das war nicht die Explosion, die wir mit solcher Spannung erwarteten. Die Granate explodierte, nicht aber der Sprengstoff: Die zerstörerische Explosion, die den feindlichen Waggon von den Schienen hätte werfen sollen, war ausgeblieben!

Seither sind mehr als 60 Jahre vergangen.

Vergib uns, Nastenka! Ich kann dich einfach nicht vergessen. Oft träume ich von deinem gütigen Gesicht mit dem weichen, weiblichen Lächeln.

Neulich erzählte ich diese Geschichte meinem israelischen Freund Schimon. Als sie zu Ende war, schwieg er lange, in Gedanken vertieft. Auf seinem nicht mehr jungen Gesicht konnte man sehen, dass er in schwere Erinnerungen eingetaucht war. Er erzählte seine Geschichte:

»Im Jahre 1948 wurden wir zur Hilfe für die Bewacher von Gusch-Ezion eingesetzt, das von einer arabischen Legion eingekreist war. Nach einigen Stunden trat ich unglücklich auf und verrenkte mir den Fuss. Zu Fuss konnte ich nicht mehr weiter. Der Kommandant rief zwei Soldaten aus der Gruppe, die mir halfen, zur Basis zurückzukehren. Die restlichen fünfunddreissig rückten weiter vor. Beim Übergang traf die Einheit auf

einen jungen unbewaffneten Araber – einen Hirten. Sie rühr-
ten ihn nicht an und liessen ihn laufen. Beim Morgengrauen
war die Einheit umzingelt, und im Kampf starben alle fünfunddreissig Kameraden.«

Wir schwiegen.

Der Krieg hat seine eigenen Gesetze. Er soll verflucht sein!

Abschied von den Eltern

Fünf Tage später bewegte sich unsere Einheit nach Osten. Unsere 51. unter dem Kommando des Stabschefs Merzljakow war die Schlussabteilung. Pronjagin und Dudko kommandierten die Vorhut: Gruppe 52 und 54.

Die 53. Gruppe unter dem Kommando von Bobkow blieb in den Rafalowski-Wäldern. Alle ihre Partisanen waren aus der Umgebung, Bewohner der umliegenden Dörfer. Als wir an der Reihe waren, uns zu formieren, rief uns Merzljakow zu sich und befahl uns, unsere Eltern, meinen Bruder Ruben, den Stotterer (er hatte vom Angriff auf das Ghetto eine Sprachstörung zurückbehalten), und die beiden Kleinen zurückzulassen. Er erklärte, dass uns schwere Kämpfe beim Überqueren der Bahnlinie Brest–Moskau bevorständen. Sobald wir sie erfolgreich überquert hätten, würden wir die Familie nachholen.

Wir konnten nicht wirklich abschätzen, was uns bevorstand. Natürlich würde es Gefahren geben, aber auch nicht mehr als hier. Doch alle Bitten waren vergebens und Kommandant Pronjagin und Kommissar Dudko bereits weg. So bewegten wir uns zu dritt von unserer Familie, Herzl, meine Schwester Raja und ich, zusammen mit der Gruppe gegen Osten. Die Eltern, Ruben und die beiden Kleinen, Echiel und Uri, blieben zurück.

Ich erinnere mich an den Abschied:

»Mama, sobald wir das gefährliche Stück der Eisenbahnlinie überquert haben, kommen wir zurück, um euch zu holen.«

Mutter antwortete:

»Meine Kinder, geht mit Gott! Möge er euch beschützen. Wir werden uns nicht wiedersehen.«

»Mama, hör doch auf!«

Und sie wieder:

»Meine Kinder, Gott behüte euch! Wir werden uns nicht mehr sehen.«

Diese Worte hatte grosse Wirkung auf uns. Sie nagten an uns. Die ganze Zeit klangen sie in meinen Ohren nach, obwohl Vater beim Abschied optimistischer gewesen war.

Das zielstrebige Vorwärtskommen erwies sich tatsächlich als schwierig: Erst durch ständige Angriffe mit Kämpfen und Verlusten überwanden wir die von den Deutschen und der Polizei bewachten Eisenbahnlinien.

Die ganze Einheit wurde zusammengeführt. Die Aufklärung berichtete, dass die Deutschen im Dorf Gawinowitschi eine Schule für die freiwillige Polizei und die Einberufenen eröffnet hatten. Pronjagin begriff die Gefahr und beschloss, die Schule zu zerstören. Die 54. Gruppe und unsere 51. unter Fjodorowitsch griffen am 10. August 1942 an. Nach kurzem Widerstand wurde das Schulgebäude zerstört. Es gab Tote und viele Gefangene, etwa vierzig Personen. Auf Befehl des Kommandanten stellten wir sie auf, unterteilt in Freiwillige und Einberufene. Die Freiwilligen wurden alle an Ort und Stelle erschossen. Die Einberufenen wurden nach einer Zählung mit den Worten von Kommandant Pronjagin entlassen:

»Geht nach Hause und erzählt allen, dass diejenigen, die sich mit den Nazis verbünden, die Heimat verraten und die Waffe gegen uns erheben, erschossen werden – das ist ein Befehl von Stalin!«

Nachdem dieser Befehl bekannt geworden war, trug die Mobilisierung interessanterweise keine Früchte mehr. Wer einen Marschbefehl bekam, machte sich davon in den Wald oder versteckte sich.

Ich danke dem Schicksal, dass es nicht dazu kam, dass ich »Stalins Befehl« ausführen musste. Wenn man im Kampf das Feuer eröffnet und zielt, dann sieht man keine Gesichter, aber hier stand man vor Menschen und schaute ihnen direkt in die Augen ...

Die Ereignisse folgten Schlag auf Schlag – jeden Tag Kampf und Scharmützel. Wir kamen zum Dorf Tschemely über der

Schtschara. Dort gab es Korn- und Futterspeicher für die Pferde. Über die Schtschara führte eine strategisch wichtige Brücke, von den Deutschen und einer Kompanie Ukrainer schwer bewacht. Wir erhielten den Befehl, die Speicher zu zerstören, auf die andere Seite des Flusses zu gelangen und die Brücke hinter uns zu zerstören.

Am 4. September 1942 teilte sich die Einheit in zwei Teile. Unsere 51. Gruppe griff die Kommandozentrale in Tschemely an, die anderen Gruppen die Brücke. Es war eine schwere Schlacht. In unserer Abteilung starben drei, unter ihnen mein zweiter Mann am Maschinengewehr, Ljustek Metek. Metek wurde von einem auf uns geworfenen Granatenbündel tödlich verwundet. Ich erinnere mich an seine Worte: »Jascha, töte mich!« Aber ich hatte nichts, womit ich es hätte tun können, nur Granaten.

Ich selbst war nur leicht verwundet, hatte Quetschungen. Doch die Druckwelle hatte mir die Maschinenpistole aus der Hand geschlagen. In der Hitze des Gefechts kroch Herzl zu mir, meine Maschinenpistole hinter sich herziehend. Diese Geschichte hätte für mich ohne Maschinenpistole schlimm ausgehen können.

Der Kampf endete, die Kommandozentrale war niedergebrannt, alle Heuschober und Futterspeicher standen in Flammen. Die Brücke über die Schtschara war eingenommen. Wir gingen auf die andere Seite, verbrannten hinter uns die Brücke – auf in den Osten, in die Sümpfe von Polesje.

Die Deutschen hatten wahrscheinlich keine Lust mehr, häufige, schmerzhafte Schläge hinzunehmen, denn unsere Aufklärung berichtete, dass auf allen umliegenden Bahnhöfen Truppen ausgeladen wurden, die auf dem Weg in den Osten wären. Ihr Ziel: die »Banditen« – wie wir genannt wurden – zu vernichten. Ihnen kam das 18. freiwillige lettische Polizeibataillon der SS, die lokale Polizei und eine ukrainische Kompanie zu Hilfe.

Und so wurde unsere Einheit am 11. September 1942 im

Dobromysl-Bezirk zum Fluss Schtschara gedrängt. Wir wurden mit Granatwerfern und anderen Geschützen beschossen, über uns waren Flugzeuge. Alle Schiffe auf den grossen und kleineren Flüssen waren blockiert. Es sah so aus, als ob wir vollständig eingeschlossen wären und es keinen Ausweg mehr gäbe.

Die Aufklärung erstattete Kommandant Pronjagin Bericht. Eine ungewöhnliche Entscheidung wurde getroffen. Der ganze Tross wurde angehalten, die Pferde freigelassen, die schweren Waffen zerlegt und versteckt (wir hatten zwei 45-Millimeter-Kanonen, einige leichte Minenwerfer und zwei Autos). Und dann in die Sümpfe. Der Kommandant ging voraus, alle im Gänsemarsch hinter ihm her. Richtung Südosten. Es stellte sich heraus, dass Pronjagin beschlossen hatte, den am stärksten befestigten Ort anzugreifen, weil die Deutschen nicht im Traum mit einer solchen »Frechheit« rechneten. Diesen Ort – die 10. Schleuse, welche die Flüsse Schtschara und Jaselda durch den Oginskij-Kanal verbindet – verteidigte die Kompanie des 18. freiwilligen lettischen Polizeibataillons, und von dort wurden sie aus Telechan in der Pinsker Gegend mit Nachschub versorgt.

Auf dem Weg kam es zu einem Zusammenstoss, bei dem Kommissar Dudko und die Partisanin Golda Gerzowskaja schwer verwundet wurden. Sie wurden tiefer in die Büsche getragen und zurückgelassen. Wir dachten, dass sie es nicht schaffen würden, doch sie überlebten, dank der Partisanin Gerzowskaja, die den schwer verwundeten Kommissar pflegte. Später wurden sie von vorbeiziehenden Partisanen gefunden.

Und so näherten wir uns im Morgengrauen in dichtem Nebel der 10. Schleuse. Zu sehen waren zwei kleine, schmale Brücken über den Kanal und weiter weg ein Holzgebäude, wo die Wachen übernachteten. Der eine Lette stand mit der Angelrute in einem Boot und fischte, der andere hielt Wache mit dem Maschinengewehr. Unsere Gruppe pirschte sich heran und wartete auf die grüne Leuchtrakete. Die ganze Einheit schloss auf. Ich erinnere mich, dass eine Minute vor dem

Angriff der junge Partisan Malach sich an mich wandte und sagte:

»Weisst du, Jascha, ich habe in meinem ganzen Leben noch nie ein Mädchen geküsst.«

»Hast du jetzt gerade nur das im Kopf?«

Und da war die grüne Leuchtrakete. Wir eröffneten das Trommelfeuer von allen Seiten und rannten, einer hinter dem anderen, über die schmalen Verbindungsbrücken. Die Überraschung war absolut gelungen. Beide Letten – der eine auf dem Boot, der andere am Maschinengewehr – wurden sofort getötet. Die nächsten Angreifer wateten durchs Wasser und schossen auf der anderen Seite gleich los. Es entspann sich ein schwerer Kampf, der mit der vollständigen Zerstörung des feindlichen Stützpunktes endete. Aber auch wir erlitten grosse Verluste: 13 Tote und über 40 Verletzte. Unter den Schwerverletzten war auch unser Kommandant, Oberleutnant Fjodorowitsch. In unserer Gruppe waren Jakow Gringaus, der junge Malach und Itzak Imberg gefallen. Fjodorowitsch gab, schwerverwundet und bei vollem Bewusstsein, seinen letzten Befehl: den Gnadenschuss für ihn selbst. Alle Soldaten umringten ihn, Tränen in den Augen. Ein letztes Mal wandte sich Fjodorowitsch an den Arzt:

»Sag ihnen, dass es keine Rettung gibt.«

Der Arzt antwortete nicht. Das Los entschied, es fiel auf Rozmarin. Aber er weigerte sich kategorisch. Da sagte Fjodorowitschs bester Freund:

»Lasst uns alleine!«

Wir entfernten uns. Ein Schuss. Wir kehrten schnell zurück, sammelten die toten Kameraden und begruben sie, so gut es ging. Mit diesem schweren Kampf hatten wir die Umzingelung durchbrochen. Die Leichtverwundeten wurden weggetragen und zur Genesung in einem sogenannten Krankenlager zurückgelassen. Darunter auch ich, da ich mir eine Verletzung zugezogen hatte. Die Stimmung war niedergeschlagen. Schnell entfernten wir uns vom Schlachtfeld. Das Kommando der

Schtschors-Einheit (bereits ohne Dudko) beschloss, nach Osten weiterzuziehen umd die Kranken und Verletzten »vorübergehend« zurückzulassen. Darunter mich und meine Schwester Raja als Krankenschwester. Herzl kam zu uns, denn er wollte uns diesmal nicht alleine lassen.

Viele Jahre sind seither vergangen. Pawel Wasiljewitsch Pronjagin ist mittlerweile tot. Aber wenn man über diese Periode nachdenken will, über all die Operationen und Unternehmungen unter seiner persönlichen Führung, muss man sich vor Augen halten, was für eine Zeit das war. In der Mitte des Jahres 1942 stand der Feind vor Moskau, Leningrad war eingeschlossen, Divisionen der Nazis drängten nach Stalingrad, und hier im tiefsten Hinterland gab es aufgeriebene und vernichtete Garnisonen, Eisenbahnlinien und -brücken, die von der lokalen Polizei bewacht wurden. Für die lokale Bevölkerung waren unsere Angriffe eine Lektion und Warnung. Bei Kollaboration mit den Deutschen musste man nicht lange auf die Bestrafung warten. Sie war ohne Gnade.

Nach dem Krieg traf ich Pronjagin wieder. 1960 war er bei mir in Riga zu Besuch. Interessanterweise wollte er sich nicht an die Vergangenheit erinnern. 1993 war ich bei ihm in Brest, und wir besuchten alle Schauplätze und Wege der Kämpfe. 1996 war Pronjagin bei mir in Israel zu Besuch. Wir erinnerten uns, sprachen miteinander, und als ich seine persönlichen Verdienste betonen wollte, seinen Mut und Initiativgeist beim Treffen von Entscheidungen, seine Zielstrebigkeit und Entschlossenheit, winkte er nur ab:

»Lass, Jascha. Das waren alles Entscheidungen der Partei ...«

In seiner Antwort waren Enttäuschung und Bitterkeit zu hören.

1942, im Alter von 26 Jahren, hatte sich Pawel Pronjagin mit einer Partisanin befreundet, die aus Warschau geflohen war. Daraus wurde eine tiefe gegenseitige Liebe. Normalerweise waren intime Bande zwischen Partisanen von kurzer Dauer und sehr zerbrechlich. Aber diese Bindung erwies sich als gegenseitig und aufrichtig. Das gefiel nicht allen Befehlshabern, und als seine Freundin schwanger wurde und Anspielungen auf ihre Überführung in eine andere Einheit keine Wirkung zeigten, entstand in der allgemeinen Abteilung und beim Stabschef die Idee, sie einfach wegzuräumen. Dieser Plan kam Pronjagin zu Ohren, und er traf sofort Schutzvorkehrungen. Er brachte die Geliebte heimlich und unter dem Vorwand der Überführung zu einer zuverlässigen Bauernfamilie, wo sie einen Sohn gebar. Lange konnte sie dort aber nicht bleiben, und Pronjagin brachte sie heimlich in ein entferntes Familienlager. Den Säugling liessen sie bei einer Bauernfamilie zurück. Bis heute ist nicht klar, woran er später starb. Für die Mutter war das ein so schreckliches Erlebnis, dass sie 1944, als die sowjetische Armee kam, beschloss, nach Polen zurückzukehren. Auch Pronjagin traute sich nicht, der Wahrheit auf den Grund zu gehen, und so trennten sie sich mit einer tiefen Wunde im Herzen. Er hörte nicht auf, sie zu lieben und an sie zu denken, und ihr ging es ebenso.

Anfang der 90er Jahre suchte sie ihn auf, und sie erinnerten sich an ihre gemeinsame Zeit. Das Geheimnis um den Tod ihres Kindes wurde nie aufgedeckt, aber sie waren beide überzeugt, dass da jemand seine Hand im Spiel gehabt hatte. Sie hielten bis zu seinem Tod Kontakt, obwohl sie weit weg im Ausland lebte.

Indem er Juden in die Partisaneneinheit aufnahm, gab er ihnen die Möglichkeit zu überleben: der ehemalige Partisanenführer Pawel Pronjagin (3. v. r). während seines Besuchs bei Jacob in Israel 1996.

Herzl, mein Bruder

Wir Partisanen, die zurückbleiben mussten, waren sehr enttäuscht, vor allem von Stabschef Merzljakow. Wir waren auch wütend auf unsere Kameraden, die zu wenig entschlossen Widerstand gegen diese Willkür geleistet hatten. Aber es war nichts zu machen.

Nach einiger Zeit trafen Partisanen der Einheit »Onkel Wasja« auf uns, die im Bezirk von Krasnaja Sloboda im Minsker Gebiet stationiert waren. Es war eine Einheit, die von Bialystok aus organisiert wurde und aus ehemaligen Soldaten bestand, die auf dem Weg in den Osten waren, um sich in die Rote Armee einzugliedern. Auf dem Weg vergrösserte sich diese Einheit durch Zuwachs aus der örtlichen Bevölkerung und Flüchtlingen aus dem Ghetto auf 1000 Personen, die beim Fluss Lanj entlang der polnisch-sowjetischen Grenze anhielten und ihre Basis einrichteten.

Als sie uns, die Ehemaligen der Schtschors-Einheit, in ihr Lager brachten, nahm uns der Kommandant Wasilij Wasilejewitsch Wasiljew (Onkel Wasja) sofort in seine Einheit auf. Mein Bruder machte sich grosse Sorgen, vor allem als er Bemerkungen über unsere »militärischen Fähigkeiten« und verschiedene andere Scherze hörte. Immer wieder sprach er von unserer persönlichen Verpflichtung, ein Beispiel dafür zu geben, dass wir genauso gut kämpften wie alle anderen – nicht schlechter und vielleicht sogar besser. Ich war mit Herzl im gleichen Zug, Raja als Krankenschwester im Sanitätszug. Nach einigen Wochen des »ruhigen« Lebens kehrten auch Ausgeglichenheit und Gesundheit zurück. Herzl war von der Ruhr genesen, meine Wunde fast verheilt. In dieser Zeit dachten wir ständig an unsere Familie, die wir in Woltschi Nory zurückgelassen hatten, und hofften …

In der Zwischenzeit hatten wir einen schweren, verregneten Herbst und nahmen an allen grossen und kleinen Operationen teil. Erinnerungswürdig war vor allem der Angriff auf die

Garnison von Krasnaja Sloboda, wo das erste Mal holländische Freiwillige der SS gefangen genommen wurden. Es stellte sich heraus, dass die Deutschen aus allen okkupierten Ländern Unterstützung hatten.

Nie kam es vor, dass es für die Ausführung von Aufträgen Freiwillige brauchte, ohne dass Herzl sich gemeldet hätte. Er schien etwas zu suchen ..., als wollte er etwas beweisen. Mehr als einmal sagte der Kommandant:

»Es brauchte noch zwei, das heisst, noch einen, denn Herzl ist ohnehin dabei.«

Am Sonntag, 14. März 1943, wurde ich als Maschinengewehrschütze mit meiner Nummer zwei, Walodija, mit Spitznamen Weissrusse, um Mitternacht im sogenannten Geheimnis postiert. Wir bewachten die Zugänge zu unserem Lager. Der Rest unserer Abteilung, etwa zehn Partisanen, wurde zur Aufklärung in den Ganzewitschi-Bezirk geschickt. Immer wieder gab es heftige Treibjagden deutscher Soldaten. Wir flohen vor einem Zusammenstoss mit dem übermächtigen Gegner, doch ständig kam es zu Manövern und Scharmützeln.

Dämmerung im März, Morgenfrost. Von weitem näherte sich eine Kolonne. Unsere Leute kamen von einem Auftrag zurück. Ich begann zu zählen: eins, zwei, drei ... ich kam bis sieben, und das waren alle. Das hiess, dass drei fehlten! Mein Herz zog sich zusammen! Herzl. Herzl war nicht dabei! Unmöglich, dass er eine solche Gelegenheit ausgelassen hätte. Bei der Ankunft im Lager erfuhren wir: Unsere Abteilung war bis zum Waldrand gegangen, vor ihnen lag in vierhundert Metern Entfernung das Dorf Tschudin. Drei Aufklärer wurden losgeschickt, und natürlich war Herzl dabei.

»Sie kamen bis zu den ersten Häusern«, berichtete der Abteilungskommandant, »dann hörten wir Granatenexplosionen und eine Reihe von Maschinengewehrsalven – sie waren in einen Hinterhalt geraten. Nachdem wir etwa eine halbe Stunde gewartet hatten, beschlossen wir, ins Lager zurückzukehren und Meldung zu erstatten: Der Feind ist im Dorf, das

Schicksal der Aufklärer ist ungewiss.«

Am späteren Vormittag wurde ein Zug losgeschickt, um herauszufinden, was mit den Aufklärern geschehen war. Ich war mit dabei. Wir kamen an den Waldrand. Vor uns war ein Feld, und in der Ferne waren Bauern zu sehen. Wir gingen weiter – kein Feind zu sehen. Wir stiessen auf drei Leichen. Unsere Leute. Herzls Körper war besonders stark entstellt und zusätzlich mit Stichwunden übersät. Am linken Bein war über dem Knie ein Verband, was hiess, dass er verwundet worden war. Wir nahmen sie mit, um sie zu beerdigen. Die Menschen des Dorfes baten uns, sie nicht auf dem Friedhof zu beerdigen, denn sie fürchteten die Vergeltung der Besetzer. Sie erzählten, dass die Letten einige Fuhrwerke nach Ganzewitschi mitgenommen hätten und noch nicht zurückgekehrt wären.

Herzl lag tot da, mein starker und mutiger Bruder, der keine Angst kannte und kein Risiko scheute, mein Vorbild und mein Stolz, entstellt, weiss wie Schnee und wie mit einem Lächeln auf den Lippen.

Wir waren immer zusammen gewesen, bei allen grossen und kleinen Einsätzen. Ich gab mir die Schuld: Ich hätte darauf bestehen müssen, mit ihm zu gehen, ich hätte das Feuer eröffnet. Vielleicht hatte er den Feind aufgehalten, denn man konnte ja sehen, dass er verwundet war. Es nagte an mir. Die Tränen zurückhaltend, begrub ich ihn.

Vor der Rückkehr ins Lager kamen die Fuhrwerke zurück. Die Fuhrmänner, Bauern des Ortes, erzählten, wie sie die lettischen Soldaten weggebracht hatten. Auf dem einen Fuhrwerk hatten ein toter und zwei schwer verwundete Letten gelegen. Den Gesprächen der Soldaten hatten sie entnommen, dass diese einen verwundeten Partisanen lebend gefangen nehmen wollten.

»Wirf die Waffe weg!«, riefen sie ihm zu. Auf ihren Befehl warf der Partisan die Maschinenpistole weg, doch er konnte nicht alleine aufstehen.

»Steh auf! Hände hoch!«

»Mein Bein ist verletzt. Helft mir aufzustehen.«
Als die lettischen Soldaten sich ihm näherten, um ihn hoch-
zuheben, gab es zwei Explosionen …
Das ist die ganze Geschichte.
Mein lieber, schöner, unvergesslicher Herzl. Er hatte gefunden, was er suchte; er hatte bewiesen, dass auch wir kämpfen
und ehrenvoll sterben konnten.

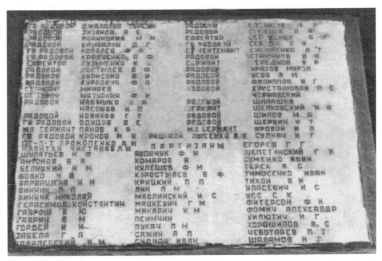

*Gedenktafel für die gefallenen Partisanen im Umkreis der Stadt
Ganzewitschi mit Herzls Namen in der rechten Kolonne (13. v.
unten).*

Mich übermannte eine gewisse Apathie und Leere. Als ich
Raja von Herzls Tod erzählte, umarmte ich sie, als ob wir uns
verabschiedeten. In der Einheit bemerkten sie es wahrscheinlich auch; sie nahmen mir das Maschinengewehr ab und gaben
mir einen gewöhnlichen Karabiner. Aber das Partisanenleben
ging mit voller Intensität weiter.

Im April 1943 machten wir einen erfolglosen Versuch, zum
Lager der Eltern vorzudringen. Wie sich nachher herausstellte,
wäre es schon zu spät gewesen: Es gab bereits keine Überlebenden mehr.

Die sowjetische Armee kam näher. Der Kampf intensivierte sich. Wir gaben dem Feind keine Ruhe. Der sogenannte »Schienenkrieg« hatte begonnen. Am Tag bevor die Front uns erreichte, erhielten wir den Befehl, anzugreifen und die Bahnhöfe Ljuschtcha und Bostyn an der Linie Baranowitschi–Luninez zu besetzen. Wir hatten grosse, schmerzhafte Verluste; mehr als hundert Tote und ungefähr dreihundert Verletzte – das Auftragsziel wurde nicht erreicht, die Bahnhöfe wurden nicht eingenommen. Es stellte sich heraus, dass der Kommandant des Pinsker Verbandes, Wasilij Zacharowitsch Korsch, genannt Komarow, der Ersten Weissrussischen Front ein Geschenk hatte machen wollen. Es war nicht gelungen und – wie sich zeigte – völlig vergebens. Am nächsten Tag führten einige Salven der sowjetischen Artillerie und ein Flugzeugangriff ohne Kampf zur Befreiung dieser Bahnhöfe.

Im Juli 1944 kam die sowjetische Armee schnell voran, und es gab eine Parade des Partisanenverbandes in Pinsk. Auch ich war dabei, als Partisan der Dzerschinskij-Einheit unter dem Kommando von Lomejko. Begeistert marschierten wir zusammen, auf der Tribüne viel hohes Militär und Bürger. Unter ihnen auch unser Verbandskommandant, Wasilij Zacharowitsch Korsch. Nach der Parade und einer kurzen Pause formierten wir uns neu als Mitglieder der sowjetischen Armee.

Wir wurden anhand einer Liste aufgerufen. Drei Schritte nach vorn. Auch zu mir:

»Linke Schulter nach vorne und marsch!«

Nun war ich einberufen und Soldat: 215. Regiment, 61. Armee des Generaloberst Below. Wir erhielten eine Uniform, eine Waffe und wurden in Kompanien eingeteilt. Einer, der mit mir in eine Einheit kam, war Zodik Deretschinskij, ebenfalls Jude aus Slonim, der bei den Partisanen gekämpft hatte. Das alles ging so schnell, dass wir gar nicht richtig zur Besinnung kamen. Ehrlich gesagt, dachte ich, dass der Krieg für mich zu Ende wäre. Aber man hat keinen Einfluss auf das Schicksal.

Als Soldat der Roten Armee, 1945.

III

In den Reihen der Roten Armee

Der Übergang von der Partisaneneinheit zur regulären Armee war ein grosser seelischer Bruch. Die Kommandokader waren gegenüber uns Rekruten des Reserveregimentes erbarmungslos; sie sollten uns innerhalb kürzester Zeit vorbereiten und an die Front schicken. Intensive Ausbildung, strenge Disziplin, schlechtes Essen und ständige Manöver – das alles zusammen zeigte seine negative Wirkung: Wir hatten den Wunsch, möglichst schnell in die Kampftruppen eingeteilt zu werden.

Auf dem Weg in die kleine Ortschaft Byten trafen wir die ehemalige Partisanin Tanja Gilerstejn, und von ihr erfuhr ich vom tragischen Schicksal meiner Familie. Bis dahin hatte ich noch einen Funken Hoffnung gehabt, doch niemand war am Leben geblieben. Mein Vater wurde zusammen mit seinem Bruder Shlomo im Oktober 1942 von einem Partisanenkommandanten erschossen, der ihn beschuldigte, Bauern beraubt zu haben. Zuerst Ruben, später auch meine Mutter und die beiden jüngsten Brüder waren der weissrussischen Polizei in die Hände gefallen. Ruben überlebte die Auslieferung an die Deutschen nicht, meine Mutter und die beiden Brüder waren im März 1943 von der weissrussischen Hilfspolizei ermordet worden.

Auf unserem Weg lag Slonim. Ich erhielt einen kurzen Urlaub. Zusammen mit meinem Freund Zodik Deretschinskij gingen wir, zwei sowjetische Soldaten, unsere Stadt besuchen. Einige erkannten uns. Wir hörten Bemerkungen über uns Juden:

»Siehst du, einige sind am Leben geblieben; sie haben nicht alle umgebracht.«

Unsere Häuser waren niedergebrannt. Es gab niemanden mehr, den wir hätten besuchen oder mit dem wir hätten reden können. Ringsum nur fremde Menschen. Schnell kehrten wir zu unserer Truppe zurück.

»Einkäufer« kamen zu uns, und schon bald waren wir in

einer Division. Das Essen verbesserte sich. Wir hatten Glück – wieder waren Zodik und ich zusammen. Das half uns sehr. In dieser riesigen Soldatenmasse waren wir einsam, aber hier, in der gleichen Formation und an der Front, hatte ich jemanden, mit dem ich tiefe Gespräche führen konnte. Nach und nach begannen wir, uns an das neue Armeeleben zu gewöhnen. Hier erfüllten wir von früh bis spät Befehle. In den Kampf waren wir noch nicht eingetreten. Wir bewegten uns zu Fuss, marschierten durch bevölkerungsreiche Orte.

Die Vorsänger gingen vorne. Wir fingen an, »Steh auf, du grosses Land« und andere Lieder zu singen. Das Gehen fiel uns so wirklich leichter. Die Menschen kamen aus den Häusern und begrüssten uns. Da begannen wir zu begreifen, dass wir ein kleines Teilchen einer riesigen Streitmacht waren und an der Vernichtung von Nazideutschland teilnahmen.

September 1944. Wir wurden in Eisenbahnwagen an die Front geschickt. Bis kurz vor Pskow, da stiegen wir aus und marschierten schnell nach Nordwesten. Wir überschritten die alte sowjetisch-estnische Grenze und marschierten dann Richtung Süden nach Lettland. Bisher waren wir noch nicht auf den Feind getroffen, aber einige Mal unter Flugangriff geraten. Das Kommando »Luft!«, und wir – wie wir es gelernt hatten – rannten auseinander und in Deckung. Es gab Opfer.

Als wir nach Lettland gelangten, kam es zu Kämpfen. Unsere 61. Armee war Teil der ersten Baltischen Front unter General Bagramjan. Ich persönlich machte mir Sorgen: So viel habe ich überlebt, meine ganze Familie ist umgekommen, nur eine Schwester ist mir geblieben. Und hier nehme ich wieder an Kämpfen teil. Aber was kann ich ausrichten? Ich muss es durchstehen.

Am 13. Oktober 1944 kam unsere Truppe bis an Riga heran. Wir bereiteten uns vor, die Stadt zu stürmen. Alles ging so schnell, dass keine Zeit zum Überlegen blieb. Wir rannten über die noch unzerstörten Brücken in die Stadt. Erstaunlicherweise gab es praktisch keinen Widerstand. Für mich als Einwohner eines kleinen Ortes war Riga eine grosse, schöne Stadt. Es war das erste Mal, dass ich ein solches Wunder sah, und ich träumte davon, für einige Zeit zu bleiben. Aber bereits am nächsten Tag fuhren wir in Eisenbahnwagen weiter. Nicht lange allerdings, sondern wir stiegen an der Grenze zwischen Lettland und Litauen am Bahnhof von Vainode aus. Uns gegenüber war die Heeresgruppe Kurland stationiert. Unsere ganze Einheit, etwa 120 Soldaten, zwängte sich fürs Nachtlager ins Bahnhofsgebäude und in den Schuppen. Kaum hatten wir uns hingelegt, schliefen wir schon.

Persönlich glaube ich nicht an die Bedeutung von Träumen, und ich träumte in dieser Zeit auch wenig. Oder wenn ich träumte, dann konnte ich mich morgens nicht mehr daran erinnern.

In dieser Nacht aber träumte ich von meiner Mutter. Sie weckte mich:

»Steh auf, mein Sohn, geh raus zum Pinkeln, tu's nicht im Bett.«

Erschrocken weckte ich Zodik und erzählte ihm den Traum. Er bat mich, ihn mit diesem Blödsinn in Ruhe zu lassen. Ich liess jedoch nicht locker. Er stand auf.

»Na, wenn du mich jetzt schon geweckt hast, dann lass uns pinkeln gehen.«

Wir nahmen unsere Waffen und gingen aus dem stickigen Gebäude. Wir entfernten uns ein Stück. Wir hatten noch nicht einmal die Hose aufgeknöpft, da hörten wir ein Pfeifen und eine schreckliche Explosion. Ein Volltreffer. Die Druckwelle warf uns zu Boden. Wir hörten Schreie und Stöhnen. Von unserer Kompanie waren vielleicht vierzig Mann am Leben geblieben. Zodik sagte zu mir:

»Danke, mein Freund, dass du mich geweckt hast.«

»Nicht ich, meine Mutter hat uns gerettet«, antwortete ich ihm.

Es stellte sich heraus, dass ein ortsansässiger Lette diesen Volltreffer gelandet hatte.

Seit dieser Nacht sprach ich vor jedem Kampf mit meiner Mutter. Ich bat:

»Fünf Söhne hattest du, einer ist übriggeblieben. Mutter, beschütze mich!«

Den uns gestellten Auftrag des Oberkommandos, die Heeresgruppe Kurland zu vernichten, konnten wir so nicht erfüllen. In ununterbrochenen Angriffen fügten wir ihr aber grosse Verluste zu. Verstärkung füllte unsere Reihen wieder auf, unter ihnen viele Moldawier, die kein Russisch konnten. Es kam zu Fällen von Selbstverletzungen und Verurteilungen durch Feldgerichte. Die Urteile wurden vor aller Augen vollstreckt.

November 1944. Unsere 61. Armee sollte ihre Position verändern, und so wurden die Eisenbahnwagen wieder beladen. Richtung Süden, nach Polen.

Mein Laune besserte sich: Ich konnte die Sprache. Näher an Deutschland, in die Höhle der Nazis. Auf dem Weg erwarteten uns stürmische Begrüssungen der örtlichen Bevölkerung. Ich schaute in die Gesichter und suchte nach Bekannten. Wir hinterliessen Zettel mit unseren Angaben und dass wir am Leben und gesund waren, denn vielleicht suchte jemand nach uns. Wir wurden in der Nähe von Warschau abgeladen und marschierten schnell und in voller Montur gegen Süden. Wir bewegten uns nur nachts, tagsüber tarnten wir uns und ruhten uns aus.

Wie es schien, waren nicht nur wir, sondern ganz Russland unterwegs.

Wir überquerten die Weichsel und kamen in das sogenannte Magnuszewskier Aufmarschgebiet. Wir hielten beim Dorf Warka am Fluss Pilica an, stellten uns zur Rundumverteidigung auf und warteten. Hin und wieder kam es zu feindlichem Artilleriebeschuss. Von unserer Seite her war Ruhe. Jeden Morgen las uns der Politkommissar Artikel von Ilja Ehrenburg vor. Tief in uns spürten wir, dass der Angriff nicht mehr lange auf sich warten liess.

In der Nacht vom 13. Januar 1945 kam der Befehl: Bereithalten. Eine letzte Überprüfung der Waffe, der Granaten und der Munition. Zum Frühstück erhielten wir alle einen halben Deziliter Schnaps. Plötzlich tauchte vor uns aus dem frostigen Nebel eine Kolonne Soldaten auf. Wir hörten ihre Stimmen:

»Lebt wohl, Slawen. Behaltet uns in gutem Andenken!«

Das war das Strafbataillon. Wir gingen hinterher. Eine stürmische Artillerievorbereitung. Dann feuerten alle Waffen, Minenwerfer und Katjuschas aus vollen Rohren.

Der Himmel brannte. Wir näherten uns der Furt durch die Pilica: Dort, am anderen Ufer, ist der verfluchte Feind.

Wir rannten los, in zwei Reihen. Zodik war hinter mir und rief die ganze Zeit:

»Jascha, ich bin hier.«

Gegnerisches Feuer. Ringsum und im Wasser gab es Explosionen. Wir beachteten sie nicht, wollten nur schnell ans andere Ufer und angreifen. Im Kampf ist man wie ein Automat; man schiesst im Laufen, wirft Granaten, fällt hin, rappelt sich wieder auf und läuft weiter. Es begann schon zu tagen. Die Niederlage der Deutschen war total. Ringsum lagen zahlreiche Leichen, Überlebende wurden gefangen genommen. Wir hörten Stimmen:

»Hitler kaputt!«

Vor Müdigkeit musste ich mich setzen. Die Stimmen der Kompaniekommandanten waren zu hören; jeder sammelte seine Kompanie ein. Ich ging auf meine zu. Wo war Zodik geblieben? Ich konnte ihn nirgends sehen und rannte zu meiner Kompanie. Da war er! Zodik, er lebte! Wortlos umarmten wir uns. Zählung – es fehlten etwa fünfzehn Soldaten. Wahrscheinlich waren sie verwundet oder tot. Das war schon nicht mehr unsere Sache. Wir bewegten uns weiter, eine Kompanie nach der anderen, ein Bataillon nach dem anderen – eine enorme Streitmacht. An diesem winterlichen Januartag des Jahres 1945 rückte unsere 61. Armee zusammen mit anderen Einheiten als Erste Weissrussische Front nach Westen vor. Fast ohne Kampf gelangten wir bis zur Stadt Kutno. Die Division ging weiter nach Westen, nach Deutschland.

Auf dem Weg sahen wir schon Plakate. Wir lasen: »Vernichtet die faschistische Schlange in ihrem eigenen Loch!« oder »Papa, töte den Deutschen!«. Mein Herz klopfte schneller.

Wir wurden von Panzereinheiten überholt. In der Nähe der alten deutsch-polnischen Grenze nahm der Widerstand zu, aber niemand konnte die heranrollende Lawine stoppen.

Nach einer weiteren Woche sahen wir wieder Plakate: »Vor Ihnen liegt das faschistische Deutschland!« Beunruhigung in den eigenen Reihen. Das Kommando: »Schneller, schneller!« Vor uns war eine Böschung zum Fluss hinunter. Die Eisenbahnbrücke über den Fluss war zerstört, ein entgleister Zug lag noch da. Ich las die Aufschrift auf den Rädern: »Alle Räder müssen rollen für den Sieg!«

Rast. Alle Soldaten setzten sich hin und schauten sich um: »Was steht da auf Deutsch?«

Wir übersetzen ihnen den Sinn der Aufschrift. Wir sassen zu zweit, dicht aneinander gedrängt, und auch wir schauten uns um. Wir hatten bis hierher überlebt. Vor uns lang das verfluchte Land, und uns beiden, den unversehrt gebliebenen Gefangenen des Ghettos, den sowjetischen Soldaten, war es vergönnt, bis zur deutschen Grenze vorzudringen und dieses Bild mit eigenen Augen zu sehen.

Der Befehl, sich zu formieren: »Vorwärts!« Die Rast war zu Ende. Wir standen auf, ein kräftiger Händedruck und auf Jiddisch: »Danke, Allmächtiger …«

Marsch auf Berlin

Am 10. Februar kamen wir zur Stadt Schneidemühl. Unser Regiment wurde mit anderen angehalten. Die Hauptstreitmacht ging weiter nach Nordwesten. Es stellte sich heraus, dass die Stadt zwar umringt, aber nicht eingenommen war und sich nicht ergeben wollte. Wir hatten den Auftrag, die Stadt einzunehmen: »Wenn der Feind sich nicht ergibt, dann wird er vernichtet.« Unsere Kompanie rückte vom Stadtrand her ins Zentrum vor. Unter den Soldaten war auch Waschka, der Sibirier immer mit Gitarre; bei jeder Rast, wo wir ausruhten, spielte und sang er. Eine Seele von einem Burschen.

Das alles war nicht so einfach. Wir wurden in einen schweren Kampf verwickelt, Haus um Haus, Stockwerk um Stockwerk, Hof um Hof. Tote, Verwundete, Granatenexplosionen, Maschinengewehrbeschuss. Zum Glück stiessen wir auf Kisten mit deutschen Handgranaten – die eigenen hatten wir schon verbraucht. Jetzt zahlte sich die Erfahrung der Partisanenzeit aus; ich zählte bis sieben, auf acht warf ich die gleich explodierende Granate. So schafften sie es nicht, sie noch zurückzuwerfen. Ich konnte weder hören noch sehen, ob Zodik in der Nähe war, aber ich hatte keine Zeit, ihn zu suchen.

Die grausame Eroberung ging weiter. Ein Befehl wurde weitergesagt, ich erhielt ihn und gab ihn weiter: »Keine Gefangenen!«

Deutsche hatten sich bei unserem Einmarsch mit erhobenen Händen ergeben und dann die näher kommenden russischen Soldaten aus nächster Nähe erschossen. Auch unser Bataillonskommandant war auf diese heimtückische Weise ums Leben gekommen. Das sollte sich nicht wiederholen. Hass und Bösartigkeit waren an eine Grenze gekommen.

Rückzug um die Mittagszeit, das Feuer wurde eingestellt. Trotz allem gab es Gefangene, die unter Bewachung mitgenommen wurden. Unsere Toten lagen in den Höfen, Häusern und Treppenhäusern. Der Befehl lautete, sie einzusammeln und auf der Grünfläche im Zentrum der Stadt aufzureihen. Zodik war nicht da. Der Zug der Unversehrten versammelte sich, und es wurde klar, dass mehr als die Hälfte fehlte. Ich rannte zur Grünanlage.

Ich begann, den Reihen von Toten entlangzugehen, die mit Mänteln oder Zeltplanen zugedeckt waren. Ich deckte einen ab, dann den nächsten … schnell lief ich eine Reihe ab, dann die nächste, kam zur dritten und hob einen Mantel hoch – da lag Zodik. Ich hielt es nicht mehr aus, meine Beine knickten ein, ich fiel auf die Knie und begann zu schreien: »Warum? Warum hast du mich alleine zurückgelassen?« Das dauerte eine knappe Minute. Ein harter Schlag gegen die Schulter:

»Steh auf, Soldat, Krieg ist Krieg.«

Ich kam wieder zu mir und stand auf. Ein letzter Blick. Ich deckte ihn mit dem Mantel zu und rannte hinter meinem halbzerschlagenen Zug her. Auf dem Weg bemerkte ich eine Gitarre neben einem Toten. Mein Gott, auch Waschka, der Sibirier. Wer singt uns jetzt bei der Rast?

Nach diesem Gefecht fühlte ich eine völlige innere Verwüstung. Ich dachte nur noch an den bevorstehenden Tod. Der Verlust meines geschätzten Soldatenfreundes war besonders schmerzhaft. Wir waren die ganze Zeit zusammengewesen, wir hatten uns ohne Worte verstanden. Wir hatten gemeinsame Träume und Pläne für die Zukunft, denn der Krieg näherte sich ja dem Ende. Und da stand ich nun alleine, einsam in dieser Masse von Leuten. Bei meinem Tod würde sich niemand von mir verabschieden.

Wir marschierten die ganze Zeit weiter – nicht umsonst waren wir die Infanterie! –, und auf dem Weg erhielten wir Verstärkung. Aber sobald wir anhielten, lastete eine schreckliche Depression auf mir: Beim nächsten Zusammenstoss bist du an der Reihe. Niemand wird um dich weinen, also vergiess jetzt die Tränen, aber so, dass es niemand mitbekommt …

Doch alles kann man nicht verstecken. Der neue Bataillonskommandant kam zu mir:

»Ich weiss, du hast einen Freund verloren. Du kannst Polnisch und Deutsch, nicht wahr?«

Ich bestätigte es.

»Also wirst du in den Kommandantenzug übergeführt und neben mir sein.«

Das bedeutete andere Bedingungen: Ich war nicht mehr so oft zu Fuss unterwegs, und auch meine Funktion war eine andere.

Auf dem Weg zur Oder waren alle deutschen Städte und Dörfer leer. Am 14. April 1945 überquerten wir den Fluss und griffen Eberswalde an. Der Hass auf den Feind und der Wunsch nach Rache wuchsen. Ich fasste einen Entschluss: Bei der ersten Gelegenheit kommen alle ohne Ausnahmen in einen Keller – ich hatte mir noch einen Panzerabwehrgranate aufgespart …

Wir hatten das Gebiet um die Oder erkämpft, und ungeachtet des Widerstandes näherten wir uns der Stadt. Wir eröffneten heftiges Maschinengewehrfeuer entlang der Strasse und warteten auf das Gegenfeuer. Nichts. Plötzlich wurde von Fenstern und Balkonen alles, was die Menschen an Weissem im Hause hatten, in den Wind hinausgehalten. Die Stadt hatte sich ergeben. Aus Erfahrung bewegten wir uns vorsichtig und langsam vorwärts. Ein unvergessliches Bild zeigte sich uns: Neben den Häusern standen Erwachsene und Kinder, viele von ihnen hatten Armbanduhren in ihren Händen. Ich erinnerte mich an meinen Vorsatz: dass ich alle in einen Keller einsperren wollte. Aber die Kinder schauten uns verschreckt direkt in die Augen. Nein, ich konnte nicht, ich hatte nicht die Kraft dazu. So blieben meine zwei restlichen Granaten ungenutzt bis zum Ende des Krieges. Die Stadt war besetzt, weiter nach Berlin.

Was dann geschah: Es war nicht vorauszusehen oder anzuhalten. Soldaten – und nicht nur sie – begannen der Reihe nach, Frauen zu vergewaltigen – junge und auch ältere. Aufs Aussehen schauten sie nicht. Ein schreckliches Bild: Der eine stand auf, und der Nächste hielt sich schon bereit. In Massen und erniedrigend … vor den Augen aller.

Mir selber schien, dass es dabei nicht nur um den Sexualtrieb ging, sondern darum zu zeigen: So, ihr höhere Rasse wolltet Völker unterdrücken, unterjochen und ausrotten. Nun sind eure Frauen am Boden, »zappeln mit den Füssen«! – wie die Soldaten es nannten. Am Abend wandte sich eine weinende ältere Frau an den Hauptmann, und ich übersetzte:

»Meine Tochter ist schwanger, sie werden sie vergewaltigen, bitte, helfen Sie ihr.«

Er ging hin und nahm sie wie für uns mit. Für diese Nacht war sie gerettet. Am Morgen zogen wir weiter. Was danach mit ihr passierte, weiss ich nicht.

Die Kolonnen der Gefangenen gingen gehorsam von einigen wenigen Wächtern begleitet unter dem Kommando der Offiziere. Bis dahin war der Fotoapparat, den ich bei einem toten Deutschen aufgelesen hatte, ungenutzt geblieben. Ich wusste nicht damit umzugehen. Einer der Gefangenen erklärte mir, wie der Apparat zu handhaben wäre und dass ich das Objektiv herausziehen müsste.

Alle bewegten sich Richtung Westen, an den Wegen standen Verkehrspolizisten. So kamen wir mit einer Kolonne »Studebaker« nach Berlin, aber wir mussten weiter nach Norden. Berlin war schon fast eingenommen, der Reichstag zerstört, vor uns das Brandenburger Tor. Ich bat den Kommandanten, die Kolonne eine Sekunde anzuhalten, um sie vor dem Brandenburger Tor zu fotografieren. Danach auch mich zu knipsen – ich zeigte ihm, wie. Er war ungeduldig, fotografierte mich aber trotzdem, und dann liefen wir schnell den anderen hinterher. Es zeigte sich später, dass die Bilder gut geworden waren, nur fand ich dann den Hauptmann nicht mehr, um sie ihm zu überreichen. Auf dem Film waren sogar noch Familienfotos des toten Deutschen.

Anfang Mai, es gab noch Widerstandsherde und viele verminte Zufahrtswege, wurde ich bei einer solchen Explosion verwundet. Wieder am Bein, Splitter im Arm – einer ist mir bis heute geblieben. Ich wurde in das zentrale Armeehospital gebracht, unweit der Stadt Brandenburg.

Vor dem Brandenburger Tor, April 1945.

Am 9. Mai – dem Tag des Sieges – war ich im Hospital. Alle freuten sich, feierten, umarmten und küssten sich. Der Krieg war zu Ende. Nach Hause zur Familie, zu den Freunden. Ich vergrub mein Gesicht im Kissen und schluchzte. Ich hatte kein Zuhause, keine Familie und kein Freunde mehr ... ich war allein.

Mitten in diesem allgemeinen Freudentaumel voller Hoffnung und verdientem Glück war ich gebrochen und wurde mir plötzlich der Tiefe meiner persönlichen Tragödie und der des ganzen jüdischen Volkes bewusst.

Unsere Armee wurde in den Osten gebracht. Ich blieb in einem Hospital in der Nähe von Berlin und befreundete mich mit vielen Leuten, besonders mit Major Chachalin, dem ich sehr helfen konnte. Er litt an einer Infektionskrankheit, die die

Ärzte so behandelten, dass nichts mehr nützte. Es gingen Gerüchte um, dass die Amerikaner irgendein neues Medikament mit Namen »Penicillin« hätten, das ihm vielleicht helfen könnte. Berlin war damals schon in vier Zonen aufgeteilt. Auf Major Chachalins Bitte ging ich in den amerikanischen Sektor, in Zivil und auf eigene Faust. Ich stiess auf einen Arzt, der, wie das jddische Sprichwort sagt, nicht aussah wie ein Jude, sondern alle Juden sahen aus wie er. Ich sprach ihn auf Jiddisch an. Die Antwort kam sofort in derselben Sprache. Er gab mir Penicillin, erklärte, wie und wo die Injektion gemacht werden musste, und gab mir noch eine Einwegspritze in steriler Verpackung. Eine Krankenschwester machte dem Major heimlich die Injektion. Man stelle sich die Reaktion der Ärzte auf die »wundersame« Heilung des Majors Chachalin nach eine Reihe von Analysen vor. Sie dachten, dass dessen gesunder Organismus die Krankheit selbst besiegt hätte.

Meine Partisanenfreunde, Abram Doktortschik und Doktor Bljumowitsch, besuchten mich im Krankenhaus. Sie versuchten, in den Westen zu gelangen und von dort nach Palästina. Sie schlugen mir vor mitzugehen, aber ich wollte kein Deserteur sein. Ich würde bis zur Demobilisierung im Dienst stehen. Und dann ...

Im Juli 1945, vor der Entlassung aus dem Krankenhaus, besuchte mich Major Chachalin und schlug mir vor, meinen Dienst in den Okkupationsstreitkräften in Ostdeutschland zu verlängern, nämlich als Übersetzer in der Kommandantur Neuruppin. Ich nahm an. Auf seine Veranlassung hin wurde ich aus dem Hospital zum Antritt einer neuen Karriere entlassen.

Meine Lebensbedingungen änderten sich merklich. Ich war Soldat, konnte mich aber wie eine Zivilperson bewegen. Auf meinen Wunsch und die Empfehlung von Major Chachalin bekam ich Urlaub und fand meine Schwester, die mich die ganze Zeit gesucht hatte. Sie leistete Dienst in einer Kommunikationseinheit der Roten Armee. Ich nahm sie zu mir und wartete auf das Datum der Demobilisierung, den 20. August 1946.

Jacob als Dolmetscher in der Kommandantur Neu-
ruppin (Mitte). Links der Chef der deutschen Orts-
polizei Neuruppin, rechts der russische Ortskomman-
dant Major Anikin.

Deutsch hatte ich schon auf dem jüdischen Gymnasium
gelernt, und nach einigen Monaten der Arbeit als Übersetzer
und dem Umgang mit der örtlichen Bevölkerung begann ich so
gut zu sprechen, dass die Deutschen mich für einen der ihren
hielten.

Ende 1945 wurde ich Übersetzer der Operativabteilung des Innenministeriums, arbeitete mit dem untersuchenden Militärstaatsanwalt und manchmal mit den Untersuchungsleitern für die ersten Aufklärungen über Nazigreuel. So traf ich auch mit verschiedenen Nazis zusammen, die von allen Verbrechen »nichts gesehen und gehört« hatten. Natürlich brauchte es für diejenigen, die sie ins Kriegsgefangenenlager schicken oder für die Verbrechen verurteilen wollten, keine besonderen Beweise. Ausserdem war es kein Problem, solche Beweise zu beschaffen. Am Ende gestanden sie selbst. Aber ich bemerkte, dass »besonders wichtige« Nazis angeworben wurden und für uns zu arbeiten begannen. Jedenfalls unterschrieben sie, dass sie Mitarbeiter würden. Mein direkter Vorgesetzter war Major Anikin, und ich arbeitete stets mit dem Militärstaatsanwalt, Oberleutnant Andrijanow, zusammen. Ausser mir dienten noch zwei weitere jüdische Burschen in dieser Truppe: Schlomo Zelkowitsch als Verwalter und Feldwebel Jakow Schwarz.

Mein Leben schien wieder in geordnete Bahnen zu geraten. Raja, die einzige meiner Familie, die überlebt hatte, war bei mir. Probleme, etwa mit Wohnen, gab es keine. Die Überlebenden aus den Konzentrationslagern und Ghettos versuchten so schnell wie möglich in den Westen zu gelangen. Weg von dem Land, das ein grosser Friedhof geworden war, wo Massenvernichtungslager errichten worden waren und wo nach dem Krieg der Hass gegenüber Juden aufs Neue aufkeimte. Es gingen Gerüchte um über Pogrome, zum Beispiel in der Stadt Kelz.

Frankfurt an der Oder war zur Grenzstadt zwischen Polen und den okkupierten Zonen Ostdeutschlands geworden. Hunderte von Überlebenden strömten nach Westen. Es gab Schwierigkeiten beim Überqueren der Oder, vor allem mit den polnischen Zollbeamten. Ich musste manchmal mit dem Lastwagen nach Polen fahren, und wir wurden natürlich nie überprüft. Das nutzte ich ein paarmal aus und brachte einige von diesen unglücklichen Menschen über die Oder. Selbstverständlich konnte das nicht geheim bleiben. Etwas sagte mir, dass ich auch meine Schwester nach Polen bringen sollte. Ich riet ihr: »Geh und richte dir dein Leben ein. Wenn ich aus der Armee entlassen werde, kommen wir wieder zusammen.«

Ich half ihr mit allem mir Möglichen und schickte sie auf den Weg.

Mit Raja, Anfang 1946.

Der Schuss

Doch wie man zu sagen pflegt: Das waren erst die Blüten, die Früchte lagen noch vor uns.

Etwa Anfang März 1946 hielten unsere Behörden einen Deutschen fest, der für zehn Tage zur Demontage einer Fabrik geschickt worden war. In dieser Zeit sollte er angeworben werden. Zu meinem Unglück wurde Oberleutnant Andrijanow zu seinem Untersuchungsleiter (er war bekannt für seine Grausamkeit), und ich war sein Übersetzer. Dieser Deutsche mittleren Alters war ein alter Parteigenosse der NSDAP und hatte für Goebbels' Propagandaapparat gearbeitet. Das Untersuchungsverfahren war, wie sie eben waren: Die Zeit drängte, es wurde alles gemacht, um ihn zu zerbrechen, zu Tode zu erschrecken, und dann sollte ihm die Zusammenarbeit angeboten werden, damit er mit beiden Hände nach dem Strohhalm griff.

Er glaubte wirklich, ich sei Deutscher, und, war erstaunt, dass ich in die Rote Armee aufgenommen worden war, denn ich hätte ja desertieren können. Aber ich sagte ihm, dass ich nie näher als bis auf 150 oder 200 Kilometer an die Front gekommen sei. Er hielt mich für einen Wolgadeutschen. Er bat und flehte, dass man ihn nicht hart bestrafen möge. Ich sage ihm:

»Ich bin nur der Übersetzer, aber nach meiner Erfahrung gibt es für die Verbrechen, die man dir zur Last legt, keine Gnade.«

Es war das erste Mal, dass der Untersuchungsleiter uns zu zweit allein gelassen hatte. Ich lenkte das Gespräch auf das Thema Juden.

»Hör mal«, sagte ich ihm, »ich kann vielleicht verstehen, dass du dich aus Hass auf die Juden ihnen gegenüber so grausam verhalten hast. Aber wieso habt ihr Kinder und Säuglinge umgebracht? Diese Kleinen waren doch erst gerade geboren, woran waren sie denn schuld?«

Hier unterbrach er mich, fiel sofort wieder in die Rolle des Lehrers zurück und begann zu erklären:

»Sie haben nichts begriffen. Diese Kinder sind die grösste Gefahr für unsere arische Rasse. Es gibt solche, die sich vom Äusseren nicht von unseren Kindern unterscheiden. Besonders die Mädchen, aber auch die Jungen, wenn man es nicht geschafft hat, sie zu beschneiden. Wenn nun aus irgendeinem Grund ein solches Kind in unsere arische Familie gerät, verseuchen sie unsere Rasse!!! – Deshalb taten wir, was wir taten.«

Während seiner Erklärung verlor ich die Beherrschung. Vor meinen Augen stand plötzlich mein jüngerer Bruder Uri. Meine Hand griff von selbst in den Schreibtisch, nahm das kalte Metall der Pistole ... Ein Schuss. Er fiel hin. Andrijanow stürzte ins Büro:

»Was hast du angerichtet? Du hast alles verdorben!«

Ich war stumm, keines Wortes mächtig. Schnell nahm er einen massiven Briefbeschwerer vom Tisch und warf ihn durchs Fenster auf die Strasse.

»Sag, dass er damit nach dir geworfen hat.« Er rannte hinaus.

Nach einigen Minuten kam der Abteilungsleiter Oberstleutnant Obolenskij hereingerannt:

»Was hast du gemacht, bist du von Sinnen?«

»Herr Oberstleutnant, ich musste es tun. Wahrscheinlich hatte er bemerkt, dass ich Jude bin. Er hat mit dem Briefbeschwerer nach mir geworfen und hätte mich beinahe am Kopf getroffen.«

Mit zusammengebissenen Zähnen:

»Raus hier!«

Meine Stimmung war schrecklich. Ich konnte mir selbst nicht erklären, wie ich das hatte tun können, aber seine Worte klangen mir die ganze Zeit im Ohr: »... verseuchen sie unsere Rasse!!! – Deshalb taten wir, was wir taten.« Meine Nerven waren aufs Äusserste gespannt. Was werden sie mit mir machen?

Aber die anderen Mitarbeiter beruhigten mich:

»Arbeite weiter. Ein Scheisskerl weniger ...«

Offiziell war er nicht festgehalten worden. Er wurde heimlich beerdigt, und wenn ihn jemand, der ihn kannte, suchte, würde er denken, er sei abgehauen. Aber die Gelassenheit kehrte nicht wieder, ich fühlte, dass es nicht einfach so vorbeigehen würde. Doch ein Monat verging, und alles blieb beim Alten. Auch ich beruhigte mich wieder.

Am 12. April 1946 rief mich der Untersuchungsleiter Andrijanow aus dem Gefängnis an und bat mich, für ein paar Minuten vorbeizukommen, wenn ich Zeit hätte. Er könne den einen Gefangenen nicht verstehen. Es war Freitag, und ich war noch mit etwas anderem beschäftigt. Ich versprach ihm, anschliessend vorbeizukommen.

»Beeil dich nicht«, sagte er, »du kommst vorbei, wenn du Zeit findest. Es brennt nicht. Vielleicht nach dem Wochenende.«

So verging der Tag. Ich vergass das Telefon. Spätabends kam ich nach Hause, und da kam es mir wieder in den Sinn. Ich rief an:

»Entschuldige, ich hatte es vor lauter Arbeit vergessen, ich könnte jetzt vorbeikommen.«

»Nein, lass nur, ich will dich nicht behelligen. Komm doch morgen.«

»Nein, ich komme jetzt. Bis ich morgen aus dem Bett komme …«

»Wie du willst«, sagte er.

Es waren fünf Minuten zu Fuss. Ich klingelte. Das Tor öffnete sich. Ich ging ins Zimmer des Untersuchungsleiters. Von hinten warfen sich zwei auf mich, entwanden mir die Pistole, stülpten mir einen Sack über den Kopf, zogen mir die Schuhe aus, Gürtel und Hose ebenfalls. Dann warfen sie mich in eine schon vorbereitete Zelle und schlugen die metallene Tür hinter mir zu.

Nun war ich also in dieser feuchten Zelle des Neuruppiner Gefängnisses, die von einer schwachen Glühbirne beleuchtet wurde, und begann zu toben und zu schreien:

»Ich verlange ein Treffen mit dem Kameraden Kommandanten.«

Die ganze Zeit wiederholte ich diese Worte. Niemand antwortete. Irgendwann hatten sie wahrscheinlich genug von meinem Schreien, denn die Tür öffnete sich und in der Öffnung erschien dieser »Freund« von Untersuchungsleiter.

»Deine Kameraden sind in den Wäldern von Brjansk, hier sind keine von ihnen«, stiess er zwischen den Zähnen hervor. »Und wenn du nicht aufhörst zu schreien, machen wir dich einen Kopf kürzer.«

Ich begriff, es war sinnlos, ich musste mich beruhigen. Erschöpft und kraftlos schlief ich ein. Am Morgen ging die Luke auf, und irgendeine Wassersuppe wurde mir zum Frühstück hingestellt. Ich weigerte mich, sie zu essen.

»Solange ich den Kommandanten nicht treffen kann, so lange werde ich auch nicht essen.«

»Leck mich doch am Arsch!«

Am Abend fragten sie, ohne die Luke aufzumachen:

»Willst du zu essen?«

»Nein.«

Sie antworteten nicht einmal.

In der Nacht begann ich meine Lage zu überdenken. Es half doch alles nichts: Was sie sich ausgedacht hatten, das würden sie auch tun. Aus Erfahrung wusste ich, dass sie nicht unbeschränkt Zeit hatten. Es gab einen abgesteckten Zeitraum, in dem sie über mein Schicksal entscheiden würden.

Ich verfluchte mich. Was bin ich für ein Idiot. Ich hatte so viele Möglichkeiten abzuhauen, umzuziehen, sogar meine Freunde hatten es mir vorgeschlagen, aber ich Dummkopf wollte ja kein Deserteur werden. Also, selbst schuld, friss jetzt diese Wassersuppe.

Am zweiten Tag hatte ich mich beruhigt und nahm Nahrung zu mir. Ich begann mit Mutter zu reden: Hilf mir, gib mir Kraft durchzuhalten!

Sieben lange Tage sass ich im Neuruppiner Gefängnis. Sie

liessen mich nicht antreten, sie verhörten mich nicht, nichts, ich war allein in der Zelle. Am achten Tag öffnete sich die Tür.

»Raus, Hände auf den Rücken!«

Ich ging hinaus. Sie warfen mir einen Sack über den Kopf, fesselten mir mit einem Seil die Hände hinter dem Rücken und stiessen mich in ein Auto. Wir setzten uns in Bewegung. Ich dachte, das war's: Jetzt würden sie von der Strasse in den Wald abbiegen, dort wäre ein schon vorbereitetes Grab, keine Spuren, niemand würde etwas hören oder sehen. Ich versuchte mit letzter Kraft, die Hände zu befreien.

Doch das Auto hielt nicht an, es fuhr weiter. Ich spürte, dass wir vom Asphalt aufs Kopfsteinpflaster wechselten. Das hiess, dass wir in die Stadt hineingefahren waren.

Sie brachten mich ins Brandenburger Untersuchungsgefängnis. Die Wachen waren erstaunt: »Sieh mal einer an, er hat sich die Hände befreit.«

Sie nahmen mir den Sack vom Kopf und führten mich in ein grosses, helles Büro. An der Wand hingen die Porträts von Lenin, Stalin und Dzerschinskij.

»Setzen!«, wurde mir befohlen.

Ich setzte mich, die Tür öffnete sich, ich stand ohne Kommando auf.

Der Hereingekommene stellte sich vor:

»Ich bin der Leiter des Untersuchungsgefängnisses. Setz dich.« Er hielt ein Formular vor sich hin und fragte mit einer liebenswürdigen und leisen Stimme: »Nachname? Vorname? Vatersname? Geburtsort und -jahr? Rang? Nationalität?«

Ich antwortete. Ohne etwas aufzuschreiben, schrie er mich an:

»Aufstehen!«

Er kam ganz nahe heran, schaut mir direkt in die Augen und schlug mich mit der Faust hart ins Gesicht.

»Du jüdische Fresse!«

Es folgte noch ein Schlag, und er fuhr fort: »Wir haben dich gerettet, aber du ...«

Das kam so plötzlich, dass ich es nicht schaffte, mich zu fassen oder dem Schlag auszuweichen. Er befahl dem Aufseher:

»Raus mit ihm!«

Ich hatte kapiert: Ich war also nicht nur ein Jude, sondern eine jüdische Fresse.

Sie warfen mich in eine kleine, überfüllte Zelle voller Deutscher. Ein kleines Fensterchen, kaum Luft zum Atmen. Mir wurde klar, dass sie mich völlig erniedrigen wollten, und deshalb mich, den sowjetischen Soldaten, zusammen mit Deutschen einsperrten. Ich begann zu schreien:

»Ich verlange die Verlegung in eine russische Zelle!«

Aber ich wusste, dass das alles zwecklos war. Spar dir die Kraft, du wirst sie noch brauchen …

»Ich bin kein Spion und kein Verräter«

Nach drei Tagen wurde ich zum Verhör gebracht. Untersuchungsleiter Kirilenko, die Aktenmappe vor sich auf dem Tisch, begann mit ruhiger Stimme:

»Du wirst zusammen mit deinem Freund Zelkowitsch der Spionage, des Vaterlandsverrates und des Schmuggels beschuldigt. Wir haben Beweise. Dein Mitstreiter hat schon gestanden. Ich rate dir, offen zu gestehen. Das könnte dir als mildernde Umstände bei der Urteilsverkündung angerechnet werden.«

Das fehlte noch, sich zu diesen Anschuldigungen zu bekennen – der direkte Weg zur Höchststrafe. Nein, so einfach und ohne Kampf ergab ich mich nicht. Mit leiser und unterwürfiger Stimme fragte ich:

»Darf ich die Anklage lesen?«

Er öffnete die Mappe und begann selbst laut zu lesen:

»Shepetinski und Zelkowitsch wurden vom englischen Nachrichtendienst angeworben. Sie sammelten geheime Informationen und leiteten sie weiter. Sie führten an ihren Einsatzorten Ablenkungsaktionen aus und schmuggelten Zigaretten.«

»Und was soll ich jetzt tun?«, fragte ich.

»Nichts Besonderes. Unterschreib hier und nenn die Namen der Kontaktpersonen.«

»Aber ich hatte keine«, sagte ich.

»Nicht wichtig«, sagte er, »sie sind uns schon bekannt. Wenn du willst, können wir dich an sie erinnern.«

»Entschuldigen Sie, Herr Untersuchungsleiter, ich kann dieses Dokument nicht unterschreiben, und irgendwelche Namen ausdenken werde ich mir auch nicht. Ich bin nämlich kein Spion und kein Verräter, sondern ein ehrlicher sowjetischer Soldat. Auf keinen Fall werde ich dieses beleidigende Lügengeschwätz unterschreiben.«

Ohne zu antworten, nahm der Untersuchungsleiter den Hörer und meldete:

»Herr Major, der Angeklagte Shepetinski weigert sich, die Anklageschrift zu unterschreiben, und führt sich ungehörig auf.«

Nach etwa zwei Minuten kam der Leiter der Untersuchungsabteilung, Major Siwakow, hereingebraust. Er war von kleinem Wuchs und kräftig, stürzte sich wortlos auf mich, drosch mit Händen und Füssen wahllos auf mich ein. Erschöpft hielt er inne und sagte:

»Wir gewährten dir Obdach, aber du hast uns verraten. Wir sind kein Durchgangshof mit mehreren Toren, der Ausgang geht nur auf eine Seite.«

Sie schleiften mich Verprügelten in die Einzelzelle. In der Zelle gab es ein Klappbett, hochgeklappt an der Wand, man konnte nirgendwo sitzen oder schlafen. Der Aufseher schaute die ganze Zeit durch das Guckloch. Falls man sich auf den Boden setzte oder einem die Augen zufielen – ein Schlag an die Eisentür.

»Wachgeblieben! Aufgestanden!«

Um zehn Uhr abends war Nachtruhe. Das Bett wurde von der Wand heruntergelassen, mir wurde befohlen zu schlafen. Eine Glühbirne von fünfhundert Watt brannte die ganze Nacht. In der Regel wurde man eine Stunde nach Beginn der Nachtruhe zum Verhör geholt. Eine halbe Stunde vor dem Wecken wieder in die Zelle zurückgebracht. Die Untersuchungsleiter wechselten alle drei Stunden. Manchmal erhielten sie ein reichliches Essen. Nur schon der Duft des Essens raubte mir den Verstand. Unsere Ration bestand aus dreihundert Gramm Brot, einem warmen Getränk und einer Wassersuppe am Mittag.

Einsamkeit, zu wenig Essen, systematischer Schlafentzug, endlose Verhöre können die Stärksten und Standhaftesten zerbrechen. Während des Verhörs war einem die Lampe aufs Gesicht gerichtet, und ununterbrochen war der Ruf des Aufsehers zu hören: »Hände!« Das hiess: die Augen nicht bedecken. Jede Nacht dieselben Fragen und dieselben Antworten.

Physische Gewalt gab es nicht. Drei Nächte wandten sie den sogenannten »Stand« an, das hiess, sie erlaubten mir nicht, während des Verhörs zu sitzen. Stehen. Ein Untersuchungsleiter
erklärte mit seinem Sinn für Humor: »In den Füssen liegt die
Wahrheit.«

Ich fühlte, dass ich durchhalten musste und mich nicht
gehen lassen durfte. Denn sie konnten mich ja nicht endlos verhören und immer dieselben Antworten bekommen. Ich begriff,
dass sie mich auch hätten erschiessen können: Das hätte nicht
mehr Spuren hinterlassen als der Wind in den Feldern. Aber
wenn sie die Sache schon mal so weit vorangebracht hatten …
das hiess, es gab noch Hoffnung. Ich musste meine letzten
Kräfte zusammennehmen. Interessanterweise findet jeder
Gefangene unter dieser schwersten Zucht und Ordnung einen
Ausweg aus der Situation. So auch ich: Tagsüber, wenn man
nicht schlafen durfte, ging ich in der Zelle auf und ab. Mit dem
Rücken zur Tür hatte ich die Augen geschlossen, mit dem
Gesicht zur Tür hatte ich sie geöffnet, aber ich döste mit offenen Augen. Manchmal stiess ich mit der Stirn an die Tür und
wandte mich dann um. »Ein wenig geschlafen«, murmelte ich.

Tatsächlich, nach einer dreiwöchigen »Intensivuntersu-
chung« brachten sie mich ins Potsdamer Gefängnis. Ich begriff,
dass die Brandenburger Periode vorbei war, dass ich es durch-
gestanden hatte, nicht zerbrochen war. Doch ich wusste auch,
dass das noch nicht das Ende war und mir noch einiges bevorstand. Aber ich sagte mir: Einmal muss man sowieso sterben …

Die Verlegung ins Potsdamer Untersuchungsgefängnis verlief wie dafür üblich: Mit der Landschaft liebäugeln konnte ich
nicht – ich wurde im »schwarzen Raben«, einem fensterlosen
Auto, übergeführt. Abfertigung und in die Zelle. In ihr sass ein
höherer Offizier der Waffen-SS. Hier gab es keine Zufälle. Ich
war auf der Hut. Er stellte sich vor, ich mich auch. Ich betonte
meine Herkunft. Er sollte wissen, dass ich Jude war. Am gleichen Tag hörte ich, wie die Nachbarzelle geöffnet und laut
gerufen wurde: »Zelkowitsch!«

Das bedeutete, dass sie meinen Mitstreiter nebenan gefangen hielten. Interessant. Was soll's, ich probierte es und klopfte an die Wand.

»Schlomo, ich bin's, Jascha! Keiner der Aufseher ist in der Nähe.«

»Ja, verstanden.«

»Was denkst du?«, fragte ich.

»Habe gestanden.«

»Warum. Ist doch gelogen.«

»Denk an den Tod«, antwortete er.

Da entschloss ich mich, ihn heftig zu beleidigen. Vielleicht würde das etwas helfen.

»Du bist ein verdammtes Schwein!«

Er versuchte, etwas zu antworten, aber ich unterbrach ihn, wollte es nicht hören.

Zum Verhör riefen sie mich nicht. Der Hunger wurde stärker, es gab nur eine Ration Brot pro Tag. Ich wurde schwächer und verlor an Gewicht. Eines Morgens wurde ich herausgerufen, in einen kleinen Saal geführt und in die linke Ecke gesetzt. Vor mir standen auf einem Podest drei Sessel. An der Wand hingen wie üblich die Porträts der Führer. Ich sah, dass sie noch einen hereinführten. Sie stützten ihn, er konnte sich kaum bewegen, und das Gesicht war nur noch eine Nase. Die Augen waren nicht zu sehen, nur Augenhöhlen.

Mein Gott, das ist doch Schlomo! Was haben sie mit ihm gemacht?

Drei Offiziere betraten den Raum, alle standen auf. Schlomo wurde gestützt. Es waren der Oberstaatsanwalt und zwei Assistenten. Gegenüberstellung. Sie wandten sich an Zelkowitsch, verlasen ihm seine eigene Aussage. Spionage, Verrat, Ablenkungsaktionen, Schmuggel – und das alles mit mir zusammen. Dann kamen viele Details.

»Angeklagter Zelkowitsch, bestätigen Sie Ihre Aussagen?«

Mit schwacher, zitternder Stimme antwortet er:

»Ja, ich bestätige sie.«

Da hielt ich es nicht mehr aus, und ohne auf Erlaubnis zu warten, stand ich auf und sagte schnell:

»Herr Staatsanwalt, sehen Sie sich doch diesen verunstalteten Menschen an. Das ist alles gelogen! Sie habe ihn gezwungen …« Mehr schaffte ich nicht. Mit Gewalt setzten sie mich wieder hin und hielten mir den Mund zu.

Aber ein Wunder geschah. Schlomo stand von seinem Platz auf und sagte, so laut er konnte:

»Shepetinski hat Recht! Ich wurde gezwungen, es ist alles gelogen.«

Der Staatsanwalt stand auf, klappte die Mappe zu, wandte sich an den Untersuchungsleiter: »So bereitet man keine Gegenüberstellung vor«, und ging hinaus.

Den Zorn meiner Begleiter kann man sich kaum vorstellen. Sie schlugen wahllos zu, und ich hörte: »Für die Vereitelung der Gegenüberstellung kommt er in den Karzer! Zehn Tage!«

Sie schleppten mich zurück und zogen mich ganz nackt aus. Ich hatte ein kleines Handtuch, das sämtliche Durchsuchungen überstanden hatte, das stopfte ich mir zwischen die Beine. Sie bemerkten es nicht. Sie warfen mich in eine kleine dreieckige Zelle ohne Fenster, der Boden betoniert, und von der Decke tropfte es ununterbrochen. Trotzdem war ich froh und glücklich. Mein Zwischenruf hatte meinem Mitstreiter Kraft gegeben, hatte ihm vielleicht den Glauben zurückgebracht, dass es einen Sinn hatte zu kämpfen. Das hiess: nicht aufgeben! Denn ein Geständnis war das Todesurteil, endgültig, ohne dass Berufung eingelegt werden konnte.

Die Bedingungen im Karzer waren beängstigend, es war kalt, feucht, man konnte nur sitzen oder stehen. Ich musste einen Platz finden, an dem mir keine Tropfen auf den Kopf fielen. Ich war froh über das kleine Handtuch, diesen kleinen Lappen, meine Freude und mein Glück: wenn ich sass, unter meinem Hintern, wenn ich stand, unter meinen Füssen oder auf meinem Kopf. Einfach die Rettung.

Nach einem Tag eine Ration Brot und heisse Wassersuppe.

Zweimal reichte irgendein Aufseher zusammen mit dem Brot wortlos zwei Stück Zucker durch. Das erste Mal, als ich die Zuckerstücke im Mund spürte, bekam ich einen Schock. »Was hast du nur gemacht? Sie werden dich vergiften wollen. Und du, ohne nachzudenken ... Ja, jetzt stirbst du.« Ich sass da und wartete. Aber ich blieb am Leben. Es gibt auf der Welt auch gute Menschen. Der Aufseher hatte mir helfen wollen, als er mich in meinem Zustand sah. Ich munterte mich selbst auf; ich hatte schon fünf Tage durchgehalten, jetzt fehlten nur noch ein paar mehr. Doch ich hatte mich in den Tagen verzählt und glaubte, sie liessen mich mehr als zehn Tage im Karzer. Ich schrie: »Es ist schon vorbei!« Aber sie waren es, die richtig gezählt hatten. Und eine Fortsetzung würde es ohnehin geben. Nach einer Ewigkeit wurde die Tür geöffnet, und sie warfen die Kleider herein.

»Anziehen! In die Zelle!«

Entkräftet und halb blind kroch ich auf meine Pritsche. Ich lag da, mit ausgestreckten Beinen, den Kopf auf irgendetwas. Welche Wohltat! Konnte irgendjemand diesen Luxus verstehen? Mein Nachbar, der Deutsche, begriff, dass mir etwas Schreckliches widerfahren war. Er schwieg, fragte nicht. Ich wusste nicht, woran er dachte, aber es rutschte ihm heraus, als ob er mit sich selbst geredet hätte:

»Uns haben sie doch beigebracht, dass die Juden und die Kommunisten, dass die Sowjetunion und die jüdische Nation – dass alles eins ist. Aber dann ist hier ein Jude, sowjetischer Soldat dazu, und sie verhöhnen ihn ...«

Wir sassen zusammen, aber hätten wir uns während des Krieges getroffen, wäre wahrscheinlich nur einer von beiden am Leben geblieben. Hier waren wir jedoch Genossen im Unglück und wussten nicht, worüber wir reden sollten. Einen Tag liessen sie mich in Ruhe. Aber danach ging es weiter wie gewöhnlich, mit dem Aufstehen und dem Bett an seinem Ort, zur Wand. Ich bemerkte, dass die Essensportion grösser war. Es gab mehr Brot, 500 Gramm, und in der Wassersuppe war eine

Kartoffel oder ein Fleischstückchen. Darauf reagierte mein
Organismus sofort. Wie ein Blitz schoss es mir durch den Kopf:
Was hat das für einen Grund?

Das sollte sich schon am nächsten Morgen herausstellen.

Mordechaj Schimschoni

Am Morgen hörte ich das metallische Rasseln von Schlüsseln, die Tür öffnete sich, und ein Neuer wurde in die Zelle gestossen. Ein grosser, breitschultriger, schöner Bursche, in der Uniform eines englischen Soldaten, am Ärmel den sechseckigen Davidsstern. Er streckte die Hand aus und stellte sich vor:

»Unteroffizier der jüdischen Brigade der Armee Ihrer Majestät des Vereinigten Königreiches von Grossbritannien, Schimschoni, Mordechaj.«

Als Erstes ergriff der Deutsche die dargebotene Hand und stellte auch sich vor. Dann nahm ich seine Hand und schaute ihm ins Gesicht. Ich fühle einen langen, kräftigen Händedruck und sah seinen Blick, den ich nicht zu deuten wusste. Er wiederholte noch einmal: »Schimschoni, Mordechaj.« Ich murmelte etwas als Antwort, entfernte mich und setzte mich ohne jegliches Bedürfnis auf die Latrine. Ich sass da, und mir dröhnte der Kopf. Welche Nummer haben sie sich da wieder ausgedacht? Ich konnte mich nicht geirrt haben: Mordechaj Schimschoni war nicht der, der er vorgab zu sein. Ich kannte ihn und erinnerte mich ausgezeichnet: mein langjähriger Freund in der Jugendbewegung – Mosche Darewskij. Hatten die mir wirklich eine »Haushenne« in die Zelle geworfen, ohne etwas über unsere gemeinsame Vergangenheit zu wissen? Oder hatten sie ihn auf mich angesetzt, ohne dass sie ihm meinen Namen genannt hatten? Hundert verschiedene Versionen schwirrten mir durch den Kopf.

Unsere Wassersuppe kam, wir konnten essen. Schweigend assen wir nebeneinander, und unauffällig warf er kleine Fleisch- und Kartoffelstücke in meinen Teller herüber. Ich wurde noch misstrauischer; wahrscheinlich hatten sie ihn geschickt, um mich völlig zu zerbrechen. Was sollte ich tun? Hatte er überhaupt gewusst, wen er da »bearbeiten« würde? Und wenn ja, hatte er geglaubt, dass ich ihn nicht erkennen würde? Er konnte meine Beunruhigung gar nicht übersehen, aber offen reden ging auch nicht: Wir waren zu dritt.

Diese Nacht schlief ich nicht. Ich erinnerte mich der Reihe nach nochmals an alles. Wir hatten nach dem Einmarsch der sowjetischen Truppen in unsere Stadt den Kontakt verloren. Das Schicksal hatte mich nach Bialystok gebracht, wo ich Arbeit gefunden hatte. 1940 hatte ich gehört, dass sie ihn, meinen Freund Mosche Darewskij, beim Versuch, die Grenze nach Litauen zu überqueren, verhaftet hätten. Über seine Familie vernahm ich als Letztes, dass er von einem Sondergericht zu acht Jahren Lager verurteilt und nach Workuta geschickt worden war. Und nun: Guten Tag, mein Lieber, jetzt bist du hier in meiner Zelle gelandet, als englischer Soldat mit Namen Mordechaj Schimschoni. Na toll. Und wie weiter?

Wir schliefen. Ich warf einen Blick auf ihn, vielleicht hatte ich mich geirrt – nein. Wir lagen alle nebeneinander, der Deutsche an der Wand, ich in der Mitte und der Neue am Rand. Ich musste mit ihm reden. Ich drehte mich mit dem Gesicht zu ihm und berührte ihn leicht. Er schlug die Augen auf und wandte sich mir zu. Ich begann leise auf Jiddisch:

»Mosche, hast du mich erkannt?«

»Bei Gott, das habe ich. Aber Jascha, ich flehe dich an, erinnere dich nicht an diesen Namen – ich heisse Mordechaj.«

Da entspann sich ein langes, leises Gespräch – immer wieder Pausen dazwischen. Zwei unglückliche Landsgenossen, mit denen das Schicksal grausam umgesprungen war und das sie gezwungen hatte, sich in Deutschland, im Potsdamer Gefängnis, wieder zu begegnen.

Er berichtete mir seine Geschichte in Kurzfassung: 1940 war er tatsächlich verhaftet worden. Er erhielt vom Sondergericht acht Jahre Erziehungs- und Arbeitslager und wurde nach Workuta geschickt. Ende 1941, da war der Krieg schon in vollem Gang, wurde er einberufen und als polnischer Staatsangehöriger der Armee von General Anders zugeteilt. Er wurde entlassen, kam mit der Eisenbahn in den Süden. Überfahrt nach Iran und durch den Irak nach Palästina.

Mordechaj Schimschoni, Ende der 40er Jahre.

Da dachte unser polnischer Legionär jedoch nicht daran, unbeteiligt zuzuschauen, sondern änderte seinen Namen und meldete sich als Freiwilliger bei der jüdischen Brigade der englischen Armee zum Pionierbataillon. Und dann Ägypten, Libyen, Italien – Kampfeinsätze. Das Kriegsende brachte ihn nach Belgien. Er hatten den dringenden Wunsch, so schnell wie möglich zu erfahren, was mit seiner Familie passiert war, erhielt eine Woche Urlaub und kam nach Polen, nach Lodz. Dort wurden alle überlebenden Juden registriert; dort konnte man Informationen bekommen. Wer immer dort gewesen war, hatte Angaben zu seiner Person hinterlassen. Nachdem er die grausame Wahrheit über seine Familie erfahren hatte, fuhr er durch Deutschland zu seiner Truppe zurück. Da wurde er in Berlin von den Russen angehalten, durchsucht und verhaftet. Sie hatten bei ihm hundert oder noch mehr Zettel gefunden. Darauf waren Namen und weitere Angaben: Überlebende in Lodz hatten sie ihm anvertraut, um sie weiterzugeben, da vielleicht jemand nach ihnen suchte. Die Russen aber vermuteten, dass Mordechaj ihnen Informationen über die Spionagetätigkeit der Engländer liefern könnte.

Danach erzählte ich. Es war schwer, damit anzufangen, aber es ging dann doch …

Da waren wir, zwei Männer: der eine ein frischer, gesunder, kräftiger, stolzer und freier Adler, unfähig, seine Schwingen auszubreiten. Gefangen im Käfig, psychisch gebrochen, ohne Durchhaltekraft. Der andere todmüde, hungrig, körperlich ausgelaugt, aber psychisch ausgeglichen, mit ungebrochener Moral, bereit, für sein Leben zu kämpfen. So hatten wir uns getroffen und begannen sofort, einander zu helfen. Er gab mir die Hälfte seines Essens, ich baute ihn moralisch auf. Wie wichtig gegenseitige Hilfe unter solch schweren Umständen ist, kann nur verstehen, wer es selbst durchlebt hat.

Bei den Verhören sagte Mordechaj aus, dass seine ganze Familie 1932 legal aus Polen (nun Westweissrussland) emigriert wäre. Daher könne er Russisch sprechen. Sie durften auf keinen Fall erfahren, dass wir uns schon kannten und dass er Bürger der UdSSR war. Mir persönlich war natürlich klar, dass er nicht zufällig in meine Zelle geworfen worden war. Sie planten etwas, und es galt, alle möglichen Varianten durchzudenken. Ich riet ihm, falls sie ihm vorschlagen würden zu kooperieren, sollte er sich einverstanden erklären. Das Wichtigste war, so viel Zeit wie möglich zu gewinnen.

Lange mussten wir nicht warten.

Es war schon Sommer. Draussen war es wahrscheinlich warm, ein Lüftchen wehte, Sonne. Bei uns in der Zelle hatten wir zwar ein kleines Fensterchen, aber der Himmel war nicht zu sehen; das Vordach war im Weg. Doch spürten wir die Windböen, die uns frische Luft hereinbliesen. Auslauf hatten wir keinen. Wenn wir aus der Zelle geführt wurden, dann nur, um die Latrine hinauszubringen oder zu den Verhören. Beim Gehen durch die Gänge klatschte der Aufseher in die Hände oder rasselte mit den Schlüsseln. Wenn einer entgegenkam, war das das Signal für den Befehl: »Stillgestanden! Mit dem Gesicht zur Wand, in die Nische!« Da stand man und wartete, bis der Entgegenkommende vorüber war. Oder man bemerkte beim Vorübergehen solche, die so dastehen mussten.

An einem warmen Sommertag im August 1946 öffnete sich die Zellentür. Ich wurde zum Verhör gerufen (das erste Mal am Tag statt nachts) und in ein mir bekanntes Büro geführt. Es war niemand da, und der Aufseher befahl mir, mich in die Ecke zu setzen. Kurz darauf kam der Hauptuntersuchungsleiter herein, ich stand auf. Er befahl mich an den Tisch. Ohne mich anzusehen, begann er, die Mappe durchzublättern.

»So, Shepetinski, wie geht es Ihnen?«

»Keine Klagen, Herr Untersuchungsleiter.«

Es vergingen einige Minuten, in denen er weiter durch die Seiten blätterte. Dann schloss er die Mappe und stand auf:

»Ich sehe, dass die Untersuchungen in deinem Fall noch nicht abgeschlossen sind. Wir wissen, dass du Partisan und Frontsoldat warst und dich überhaupt aktiv am Kampf gegen die Nazis beteiligt hast. Möglicherweise warst du kein Spion, allerdings hat uns deine Schwester ...« – da verfärbte sich wahrscheinlich meine Gesichtsfarbe: Haben sie sie etwa verhaftet? – »... mitgeteilt, dass du desertieren wolltest. Aber unter Berücksichtigung deiner Vergangenheit werden wir uns bemühen, im Rahmen des Möglichen Nachsicht zu üben. Die Sache ist die, dass wir deine Hilfe benötigen. Da wir dich noch immer für einen Sowjetbürger halten und hoffen, dass du es auch bleibst ...«

Hier unterbrach ich ihn:

»Das sehen Sie vollkommen richtig, Herr Untersuchungsleiter.«

»Heisst das, wir können auf deine Hilfe zählen?«

»Natürlich. Ich tue alles, um Ihr Vertrauen zu bestätigen.«

»Ein guter Mann, wusste ich es doch! Also, mit dir in der Zelle ist ein englischer Armeeangehöriger. In Wirklichkeit ist er Jude, und wir wissen aus vertrauenswürdigen Quellen, dass er ein hohes Tier im englischen Nachrichtendienst und verantwortlich für die gesamte Spionagetätigkeit in diesem Bezirk ist. Befreunde dich mich ihm, finde alles heraus über seine Familie, seine Funktion, seine Vergangenheit. Wir werden uns wieder treffen – klar?«

»Klar, Herr Untersuchungsleiter.«

»Du bist sicher hungrig?«

Ein Teller mit einer kräftigen, reichhaltigen Suppe und einem Brotkanten wurde gebracht. Langsam und mit Genuss leerte ich den Teller. Ich stand auf. Nur der Aufseher war noch da, der Untersuchungsleiter war verschwunden. Ich hatte nicht bemerkt, dass er hinausgegangen war.

Auf dem Rückweg zur Zelle dachte ich: Das Spiel hat begonnen. Eine enorme Verantwortung lag auf meinen Schultern, ich durfte auf keinen Fall etwas über Mordechajs Staatszugehörigkeit und unsere frühere Bekanntschaft ausplaudern.

Ich kam in die Zelle. Die vollständige Besetzung. Der Deutsche neugierig:

»Und, was gibt's Neues? Haben sie dich nicht geschlagen?«

»Geschlagen nicht. Das alte Spiel«, antwortete ich.

Die Blicke von Mordechaj und mir trafen sich. Wir verstanden einander. In der Nacht – kaum dass unser Nachbar zu schnarchen begonnen hatte – tauschten wir Informationen aus. Nach mir hatten sie ihn auch vorgeladen; ein Vorschlag derselben Art. Er antwortete, dass er Berichte nur auf Iwrit schreiben könnte, da er Russisch zwar spräche, aber nicht schriebe. Sie wollten, dass er sich alles merkte, und beim nächsten Treffen würde entschieden.

Es wurde interessant. Wir waren schon mittendrin. Wir dachten alles bis ins kleinste Detail durch. Ich merkte mir, was er bei den Verhören über seine Familie, das Studium, sein ganzes bisheriges Leben erzählt hatte.

Den lieben langen Tag war ich mit Gedanken beschäftigt, ging in der Zelle umher, die Bilder von früher kamen immer seltener. Nur meine Mutter bat ich: »Gib mir Kraft, hilf mir!«

Beim nächsten Treffen gaben sie mir zwei Blatt Papier: »Schreib!«

Ich begann zu schreiben.

»Ist 1932 aus Polen nach Palästina gefahren. Er war noch keine zwölf. Mit der ganzen vierköpfigen Familie ...«, und so weiter.

Das Papier reichte nicht, sie gaben mir noch ein Blatt.

Ich kam bis zum Krieg und zum freiwilligen Eintritt in die englische Armee. Dort stoppte ich. Er begann zu lesen.

»Ist das alles?«

»Vorläufig ja, Herr Untersuchungsleiter. Ich kann ihn ja nicht drängen, sonst merkt er's!«

Ich bekam meinen Teller und noch eine Zigarette.

Mordechaj wurde auch vorgeladen, aber sie hatten entschieden, dass er nicht schreiben müsste. Er würde sprechen, und sie schrieben es gemäss seinen Worten auf. Das Iwrit sei – wie der Untersuchungsleiter in Erfahrung gebracht hatte – eine altjüdische Sprache, die es in der Sowjetunion nicht gebe. Also konterrevolutionär.

So vergingen etwa vier Treffen. Der September verging, der Oktober 1946 begann. Auch wenn wir in der Zelle eingeschlossen waren, fühlten wir doch, dass der Sommer vorbei war und der Herbst begonnen hatte. Nach der Berechnung von Mordechaj fiel der Versöhnungstag, unser Feiertag Jom Kippur, auf den Samstag, 5. Oktober. Wir wollten gemäss der Tradition fasten. Acht Tage vorher hatten wir eine Ration Brot für ein abendliches »Festmahl« zur Seite gelegt. Mordechaj kannte das Gebet »Kol Nidre« auswendig. Und so assen wir je vier Portionen Brot und tranken Wasser. Mordechaj sagte laut das Gebet auf. Der Deutsche dachte, wir seien übergeschnappt. Sollte er doch!

Am Morgen des 5. Oktobers wurde ich vorgeladen. Er auch. Das nächste Mal, an dem wir uns wieder treffen sollten, war erst nach meiner Verurteilung.

Beginnen wir mit Mordechaj: Beim Verhör verlasen sie ihm seine vom Untersuchungsleiter aufgeschriebenen Aussagen. Er bat um eine offizielle schriftliche Übersetzung und fügte hinzu, dass dieser Tag ein hoher jüdischer Feiertag sei und er als gläubiger Mensch daher nicht unterschreiben könne.

»Du willst eine Übersetzung – glaubst du uns nicht?«

Nachdem sie ihn beschimpft und verprügelt hatten, warfen sie ihn in Einzelhaft.

Bei mir verlief die Sache anders. Siwakow, der Leiter der Untersuchungsabteilung persönlich, jetzt schon Oberst, sagte zu mir:

»Und wir dachten, du seist ein Sowjetbürger, einer von uns, aber du erweist dich als … Wo sind die Verbindungen, die Agenten, um die wir dich gebeten haben? Vergessen? Was für einen Blödsinn hast du uns vorgesetzt!«

Ich wollte etwas sagen.

»Schnauze! Wir wollten dir helfen, haben dir geglaubt, aber ihr, wie alle Franzosen, helft euch gegenseitig aus der Patsche.« Franzosen – so nannten die Offiziere die Juden.

Er sagte etwas zum Aufseher und ging hinaus. Mich stellten sie mit dem Gesicht zur Wand in eine Ecke. Es vergingen etwa zwei Stunden. Er kam zurück und befahl mir, mich an den Tisch zu setzen. Ich tat es. Er gab mir einige Blätter.

»Lies, vergiss nichts und unterschreibe. Unter jede Seite eine Unterschrift.«

Ich begann zu lesen. Die Haare standen mir zu Berge. Ich sagte mir: Halt die Hände still, damit sie nicht zittern! Ich las, was meine Aussage sein sollte: »Er ist Kontaktmann mehrerer Agenten, von denen er Informationen entgegennimmt.« Dann folgten die genauen Namen und Adressen.

»Nimm dir Zeit. Lies es einige Male. Es ist wichtig, dass du dich an alles erinnerst. Verstanden?«

Ich wandte mich an ihn:

»Herr Abteilungsleiter, ich kann das nicht unterschreiben, er hat mir das gar nicht erzählt. Wenn Sie das aufgrund seiner Aussagen wissen, dann soll er unterschreiben.«

Und da begann es:

»Wenn du nicht unterschreibst, ist das Vergangene nur ein Klacks! Hier arbeitet das Innenministerium, kapiert! Keine Kinderspiele. Du wirst noch darum flehen, dass man dich zum Unterschreiben zu den Papieren bringt. Wirst deinen Gott anflehen, den Tod als Erlösung zu schicken. Wir haben schon ganz andere zerbrochen.«

Ich erwiderte ihm:

»Herr Abteilungsleiter, erlauben Sie mir etwas zu sagen, das ich bisher nicht ausgesprochen habe. Vielleicht hätte ich besser nicht geschwiegen.«

Es war still geworden. Interessiert schaute er mich an.

»Sprich weiter!«

»Herr Leiter der Untersuchungsabteilung der sowjetischen Besetzungsstreitmacht des Innenministeriums in Deutschland. Ich bin sowjetischer Armeeangehöriger, mit mir können Sie machen, was Sie wollen. Etwa mich auf der Stelle erschiessen. Niemand würde mich suchen, niemand würde es erfahren, das wär's dann gewesen. Aber er, er ist Soldat einer befreundeten Armee, ihn werden sie suchen. Und wenn sie erfahren, wer ihn illegalerweise gefangen hält und verhöhnt, dann möchte ich nicht …«

Weiter kam ich nicht. Er hatte zugeschlagen. Auch der Aufseher sprang auf und schlug unbarmherzig auf mich ein. Ich fühlte, wie mein Kopf »wuchs«; eine grosse Beule. Blut floss mir übers Gesicht. Ich wischte es mit meinen Händen ab, sie waren rot. Ich hörte das Wort »Karzer« und erschrak zu Tode. Ich verlor das Bewusstsein. Sie schleppten mich in die Isolationszelle. Jemand wurde herbeigerufen, mein Kopf verbunden. Ich riss den Verband herunter. Ich wollte nicht. Ich wollte den Tod. Ich schlug mit Händen und Füssen um mich. Sie fesselten mich und warfen mich auf den Boden. Ein Tag verging. Unter Zwang flössten sie mir etwas Nahrung ein. Ich beruhigte mich. Begann nachzudenken: Wenn sie mich hätten umbringen wollen, wäre das kein Problem gewesen. Das hiess: durchhalten. Hauptsache, ich hatte den Freund gerettet.

Es vergingen ein, zwei Tage, sie liessen mich zerschlagen, mit geschwollenem Kopf in Einzelhaft und führten mich dann zum Sanitäter. Der schaute mich an und machte mir einen neuen Verband.

»Nicht schlimm, das geht vorbei«, und zurück in die Zelle.

Das bedeutete, ich hatte gewonnen, nicht aufgegeben, nicht verleumdet, durchgehalten. Ein Gefühl von grossem Glück umfing mich.

Vor Gericht

Mitte Oktober wurde ich in eine andere Zelle übergeführt. Ich musste weit gehen. Als ob es andere Gänge wären. Die Tür wurde geöffnet, und dort war Schlomo Zelkowitsch, mein Mitstreiter, mit dem zusammen ich angeklagt war.

Wir umarmten uns.

Das hiess, es war vorbei, die Untersuchungen waren abgeschlossen, und wir warteten auf das Urteil.

Schlomo sagte mir:

»Was du bei der Gegenüberstellung gesagt hast, hat mich gerettet.«

Er schlug vor, vor Gericht zu betonen, dass wir polnische Staatsangehörige seien und ein polnisches Gericht forderten. Ich meinte:

»Schlomo, unser Schicksal ist schon bestimmt, es komme, was da kommen soll. Unser Gewissen ist rein.«

Am Montagmorgen, dem 28. Oktober 1946, wurden wir in den Gerichtssaal des Potsdamer Gefängnisses geführt. Zu dritt sassen sie da, die üblichen Porträts über ihnen. Die Frage an uns:

»Wisst ihr, wo ihr euch befindet?«

Wir schwiegen.

»Angeklagte Shepetinski und Zelkowitsch, ihr befindet euch hier vor dem Kriegsgericht der Truppen des Innenministeriums.«

Unsere Hände trafen sich, und wir hielten uns fest. Schlomo begann, das »Kaddisch«, das Totengebet, zu sprechen. Auch ich war mir der Höchststrafe sicher. Ohne vorhergehende Fragen verkündeten sie das Urteil. Ich nahm nichts wahr, schaute sie nur mit toten Augen an. Erst als ich hörte: »Zehn Jahre Arbeits- und Erziehungslager und fünf Jahre Aberkennung der Bürgerrechte«, kam ich wieder zu mir. Wir liessen unsere Hände los. Das Leben war zurückgekehrt. Ich unterdrückte einen Freudenschrei. Schlomo erhielt acht Jahre Arbeits- und Erziehungslager und drei Jahre Aberkennung der Bürgerrechte.

Nach der Urteilsverkündung und den Worten »Das Urteil ist endgültig, Berufung kann nicht eingelegt werden«, wandte sich der Vorsitzende an uns:

»Habt ihr das Urteil verstanden?«

Wir schwiegen.

Aber als sie die Aktenmappe geschlossen hatten und sich schon zum Gehen bereit machten, wandte ich mich an sie:

»Herr Vorsitzender des Kriegsgerichts, wieso haben Sie uns nicht zum Tod verurteilt? Die Deutschen haben unsere ganzen Familien vernichtet, erschießen Sie uns auch, und dann ist endgültig Schluss mit uns!«

Der Vorsitzende stand auf, schaute mir gerade in die Augen und sagte:

»Leben wirst du. Bumsen wirst du nicht mehr wollen.«

Seither sind achtundfünfzig Jahre vergangen. Ich würde diesen Richter gern treffen, ihm die Hand schütteln. Denn wir sind beide Opfer dieser Epoche, jeder auf seine Art. Was seine Prophezeiung anbelangt, so hat sich der erste Teil erfüllt. Danke. Der zweite ganz und gar nicht: Ich könnte ihm heute fünf Enkel und eine Enkelin vorstellen.

Inzwischen waren fast sieben Monate seit meiner Verhaftung vergangen. Der Albtraum war zu Ende. Ich war verurteilt nach Artikel 19-58-1B und 59-9. Das bedeutete: für versuchten Landesverrat und Schmuggel zehn Jahre Freiheitsentzug und fünf Jahre Aberkennung der Bürgerrechte, also Verbannung. Ich war sechsundzwanzig, bei meiner Entlassung würde ich einundvierzig sein. Das schien mir damals unmöglich und sehr weit weg.

Sie warfen uns in die Zelle 151 des Potsdamer Gefängnisses. Plötzlich fand ich mich in einer Bärenumarmung mit Mordechaj wieder. Welche Freude! Jetzt erfuhr ich, wie es ihm ergangen war. Er war wegen illegalen Grenzübertrittes zu zwei Jahren verurteilt worden. Das Vorhaben, aus ihm einen Spion zu machen, war gescheitert.

Nach der Verurteilung durch das Kriegsgericht wurden die Gefangenen nicht lange in Potsdam behalten. Zusammen mit sechzehn anderen Häftlingen wurde ich auf einen Lastwagen gesetzt. Es gab noch zwei weitere solche Fahrzeuge. Nach Ankunft in Torgau wurden alle einundfünfzig Menschen in eine Zelle gesperrt. Vier Latrinen, ein kleines Fensterchen – das war alles. Der Erste fiel vor Platz- und Luftmangel in Ohnmacht. Auf das Klopfen an die Tür erschienen jeweils Aufseher, sie schafften die Unglücklichen aus der Zelle weg, zurück kam keiner von ihnen. Damit die Restlichen nicht aus Sauerstoffmangel erstickten, hielt von Zeit zu Zeit ein Aufseher eine brennende Kerze durch die Öffnung in der Tür. Wenn die Kerze ausging, öffneten sie die Tür für einige Minuten und schwangen sie hin und her, um Luft vom Gang in den Raum hereinzuwedeln. Morgens wurden die Lebenden zur Überprüfung in die eine Ecke des Gangs hinausgejagt, und fast jeden Tag trugen sie ein oder zwei Tote aus der Zelle. Wenn sie uns wieder zurück in die Zelle trieben, wurde uns unterwegs unsere Ration Brot ausgegeben – dreihundert Gramm. Unnötig zu sagen, dass dieses Brot sofort gegessen wurde. Wir hatten weder Löffel noch Schalen, womit wir die Wassersuppe hätten entgegennehmen können. Sie wurde jenen, die eine Mütze hatten, da hineingegossen, wer keine Mütze hatte, bekam die Suppe in die hohle Hand. Zum Glück wurden wir nicht lange in dieser Zelle gefangen gehalten, nur vier oder fünf Tage. Nach diesen schrecklichen Tagen kam ich in die Zelle 113, die für zwei Personen gedacht war; zu Beginn waren wir zu viert und wurden noch mehr. Da musste ich mehr als drei Monate bleiben, und am Schluss waren wir zehn Personen. Zu unserer Freude aber hatte diese Zelle einen gewissen »Komfort«: In der Ecke war eine richtige Kloschüssel, durch die man mit Häftlingen in anderen Zellen, die mit unseren Rohren verbunden waren, reden konnte.

Das Gefängnisessen: dreihundert Gramm Brot am Tag, morgens ein kaffeeähnliches Getränk und am Abend Wassersuppe. Das Geschirr: eine Schüssel und ein Löffel für fünf

Personen. Der Reihe nach schöpfte sich jeder Wassersuppe und gab sie dann dem Nächsten weiter. Man stelle sich die Freude des Glückspilzes vor, der ein Stück Kartoffel auf seinem Löffel fand – und den Neid aller anderen. Ein Ereignis war der Spaziergang, der etwa einmal pro Woche stattfand. Sie führten uns in den Hof. Es war strengstens verboten zu reden, man konnte nur im Kreis gehen, mit dem blauen Himmel liebäugeln und die frische Luft tief einatmen. Nach dem Gestank des Zellenklos war das wunderschön!

Später erfuhr ich, dass die Sowjets das Gefängnis Torgau »Lager« schimpften. Es gab das Lager Nummer 8, wo Untersuchungsgefangene und verschiedenste Verdächtige festgehalten wurden, darunter auch alte Emigranten, und es gab das Lager Nummer 10, wo die schon Verurteilten waren. In Nummer 8 war die Lagerordnung etwas weniger hart und das Essen etwas besser, aber mir war das schreckliche Lager Nummer 10 beschieden.

Anfang Februar 1947 wurden aus unserer Zelle neun Häftlinge eine Etappe weiter in Richtung Lager gebracht. Mordechaj blieb allein zurück, denn er hatte nur kurz zu sitzen und war überdies Ausländer. Wir umarmten uns, und dann verabschiedeten wir uns hoffnungsvoll. Bevor wir hinausgingen, stellte Mordechaj sich auf unsere Schultern und schrieb etwas in der »konterrevolutionären« Sprache Iwrit an die Wand. Für Schlomo war nie ganz klar, worin die Freundschaft zwischen mir und Mordechaj bestand. Ich fürchtete mich enorm davor, dass ich etwas ausplaudern oder zu verstehen geben könnte. Erst als wir uns in Israel trafen, hat Schlomo alles erfahren.

In Gruppen von 50 Personen wurden wir in Baracken eingeteilt, die sich entlang der Eisenbahnlinie befanden. Wir kamen in verschiedenen Gruppen an. Ausser mir war in meiner Gruppe noch ein anderer Jude. Er war Arzt, Oberst bei der Sanität und Leiter des Feldlazaretts gewesen, der »vom 7. zum 8.« verurteilt worden war, was hiess: gemäss Erlass vom 7. August 1932 wegen wirtschaftlicher Schädigung.

Vor dem Verladen in die Eisenbahnwaggons sollten wir nackt ausgezogen werden – Leibesvisitation. Wir standen hintereinander in einer Reihe, die Körper dicht aneinander. Ich spürte jemandes Atem in meinem Nacken. Ich steckte meine Hand in die Manteltasche und war verdutzt: ein Messer. Ich wandte mich um, er schaute mich an, als ob nichts wäre. Leise flüsterte er: »Schmuggle es durch!«

Das ist ja ein starkes Stück – schmuggle es durch!, fuhr es mir durch den Kopf. Ich kann nicht protestieren, aber wenn sie es finden, sage ich, dass es mir jemand untergeschoben haben muss und ich es nicht bemerkt habe. Es gibt keine andere Lösung. Nun war ich an der Reihe. Ich setzte mich und legte den Mantel auf den Boden, dann die Jacke, die Wäsche, die Schuhe und den Rest. Ich stand nackt da. Befehl: »Vornüberbeugen!« – ich beugte mich vornüber. »Wegtreten!« – ich tat es. Ich wartete auf meine Kleider. Mein Herz hämmerte. Sie warfen mir die Unterwäsche hin, ich setzte mich und zog sie an. Besonders gründlich untersuchten sie die Schuhe und die Jacke – dann warfen sie sie mir hin. Dann nahmen sie den Mantel, tasteten die Schulterposter durch und warfen auch ihn hin. Gerettet! Ohne Eile zog ich mich an und stellte mich in die Reihe. Nach der Durchsuchung erhielt jeder Unterhemd und Unterhose. Und zu den Waggons. Wir stiegen ein. Zweistöckige Pritschen an den Seiten, die Mitte frei mit der »Latrine«. 25 Personen auf jeder Seite, 50 pro Wagen. Wir wurden in Fünfergruppen eingeteilt mit einem Verantwortlichen und einem Suppentopf für die Gruppe. Mein »Auftraggeber« kam zu mir: »Na siehst du, ging doch«, steckte seine Hand in meine Tasche und nahm seine »Ware« heraus.

Ich kam zu einer Gruppe von Armeeangehörigen. Unser Verantwortlicher: Wolodja, ein ehemaliger Major, verurteilt nach Artikel 193, Bataillonskommandant, der sich von Stalingrad bis nach Berlin durchgekämpft hatte.

Morgens Frühstück: zwei Stück Zwieback und Trockenhering. Abends Wassersuppe für fünf Personen. Einer nach dem anderen tauchte den Löffel ein, während wir alle genau auf die Reihenfolge achteten. Jeder hatte seinen Spitznamen, meiner war »Jascha-Jude«.

Der Feldwebel vor dem Bereitmachen zur Fahrt:

»Für Unordnung, Randale und Zerstören von Staatseigentum werden die strengsten Strafen verhängt!«

IV

Flucht aus dem Gefangenentransport

Wir setzten uns Richtung Osten in Bewegung. Da begann ein Krimi: Wer noch mehr oder weniger neue Kleider oder Schuhe hatte, dem wurden sie weggenommen oder besser gesagt »getauscht«. Im Gegenzug bekam man Lumpen – es war schlichtweg Diebstahl. Interessanterweise waren unter den »Freien«*, die dranglauben mussten, auch Armeeangehörige, gesunde Burschen, die sich aber trotzdem nicht wehrten. Mich überprüften sie auch, aber nahmen nichts – alles Lumpen.

Ich lang auf einer unteren Pritsche, die oberen waren für die »Zakonniki«, die Häftlinge, die sich an den Ganovenkodex hielten. Was tun? Es war nicht zum Aushalten: fünfzehn Jahre – diese Ewigkeit. Das monotone Rattern der Räder wirkte einschläfernd, und dicht aneinander gedrängt schliefen wir ein. Ehrlich gesagt, hatte ich schon lange nicht mehr so geschlafen. Ich wachte in der nächsten Nacht von einem unbekannten Geräusch auf. Ein Kratzen. Als meine Augen sich an die Dunkelheit gewöhnt hatten, sah ich, dass sich jemand links von der Tür an der Wand zu schaffen machte. Ich begriff sofort: Die Jungs bereiteten die Flucht vor. Der Ort war klug gewählt. Beim Öffnen der Waggontür würde diese Stelle verdeckt werden. Die Tür wurde normalerweise zweimal am Tag auf Bahnhöfen geöffnet. Sie brachten Essen und machten eine Überprüfung. Bei der Überprüfung schickten sie alle auf die eine Seite des Waggons und zählten einen nach dem anderen durch, die sie dann auf die andere Seite schickten. Am Ende mussten alle auf ihre Plätze, und die Verantwortlichen der Fünfergruppen erhielten das Essen. Man musste die eisernen Regeln der »Zakonniki« anerkennen: Es war nicht erlaubt, die Ration anzurühren, und es funktionierte.

Ich hatte schon den Entschluss gefasst: Bei der ersten Fluchtmöglichkeit würde ich mich anschliessen. In der vierten

---

* Freie: So nannten wir unabhängige Häftlinge, die keiner Bande angehörten.

Nacht, am 10. Februar 1947, bemerkte ich, dass die Jungs begannen, die Unterwäsche zur Tarnung anzuziehen. Auch ich zog meine Unterwäsche an, bedeckt von meinem Mantel, damit es niemand sah. Ich war müde und schlief wieder ein. Ein kalter Windstoss weckte mich. In der Wand sah ich einen weissen Fleck. Das Loch war bereit. In der Mitte des Waggons standen Menschen, die miteinander sprachen. Ich hörte:

»Wer ist der Erste?«

Keine Antwort. Ich sprang sofort von meiner Pritsche auf und stellte mich zu ihnen. Mit leiser und überzeugter Stimme sagte ich:

»Ich gehe!«, und war schon mit meinem Kopf in der Öffnung.

»Pavlik, bist du's?«

Ich antwortete nicht. Ich war mit dem Körper schon halb im Freien, hielt mich mit den Händen am Trittbrett fest und zog mich hinaus. Ich drehte mich auf den Rücken; über mir waren die Sterne, und ein frostiger Wind blies mir ins Gesicht.

Geschafft!

Es war still, nur das Rattern der Räder im Rhythmus meines Herzschlags. Noch eine Anstrengung, ich riss mich los und sprang auf den verschneiten Boden. Ich hob den Kopf, der Zug fuhr in der gleichen Geschwindigkeit weiter.

Plötzlich war es völlig still. Kaum zu glauben, ich war frei!

Ich stand auf und machte mich auf den Rückweg. Ich ging schneller, das Rattern der Räder war schon nicht mehr zu hören. Und plötzlich: Maschinengewehrschüsse, am Himmel eine Leuchtrakete.

Das war schlecht. Ich beschleunigte meinen Schritt in der Hoffnung, dass der Zug nicht lange anhalten würde. Ich schaute zurück und bemerkte in der Ferne eine Lampe. Das bedeutete: Jagd!

Ich sprang vom Eisenbahndamm herunter, rappelte mich auf und ging los. Der Schnee war tief, und ich hinterliess Spuren. Das Licht der Lampe kam näher und näher, ich hörte das Bellen von Hunden und begriff, dass sie mich wahrscheinlich bemerkt hatten.

»Stehenbleiben! Wir werden schiessen!«

»Na, schiess doch«, dachte ich, »mir ist es egal.«

Ich ging weiter, die Beine hinter mir herschleppend. Vereinzelte Schüsse pfiffen über meinen Kopf hinweg. Ich spürte einen heftigen Stoss gegen meinen Rücken. Es waren die Pfoten eines Schäferhundes, gut trainiert, denn er wusste, was er zu tun hatte. Ich lag auf dem Bauch, der Hund über mir. Bei jeder meiner Bewegungen bellte er und entblösste seine Reisszähne. So lag ich ungefähr zwei Minuten, bis die Wachsoldaten sich hergeschleppt hatten. Sie verprügelten mich gnadenlos, sowohl gemeinsam wie auch jeder einzeln.

»Du Scheisskerl, alles wegen dir!«

Ich legte die Arme um meinen Kopf. Ich spürte ausgeschlagene Zähne in meinem Mund und spuckte sie aus. Wahrscheinlich wurden sie müde, kündigten eine Pause an und liessen mich allein im Schnee mit roten Flecken auf dem Hemd liegen. Ich erwartete den befreienden Schuss. Plötzlich fühlte ich, dass mir jemand mit der Zunge die Stirn ableckte. Das ist doch nicht möglich, hatten sie wirklich Erbarmen? Und war dieser Schäferhund der gleiche, der mich zu Boden geworfen hatte? Das bedeutete, dass ich nicht alleine war, dass es auf dieser Welt Geschöpfe gab, die mit mir Erbamen hatten. Denn diese Diensthunde wurden trainiert: Ein Mensch am Boden wurde nicht angerührt, und hier lag ein Mensch, der geschlagen wurde. Unverständlich!

Die Berührung des Hundes brachte mich zum Weinen, zum Schluchzen.

Da hörte ich in schlechtem Russisch:

»Herr Unteroffizier, erlauben Sie uns, ihn zu erschiessen.«

»Und du wirst die Leiche schleppen?«, hörte ich als Antwort.

Sie hoben mich hoch, fesselten meine Hände, und dann gingen wir zum Waggon zurück. Es zeigte sich, dass die Entfernung mehr als 10 Kilometer betrug. Wir gingen etwa drei Stunden. Es hatte schon längst angefangen zu tagen. Der ganze Kommandokader wartete auf mich, und wieder traktierten sie mich mit Händen und Füssen und hinterliessen ihre Spuren auf meinem zerschlagenen Körper. Zu guter Letzt warfen sie mich zu Boden, banden mir die Füsse, schleppten mich mit und hielten vor der offenen Tür eines jeden Waggons. Sie erklärten, dass ich versucht hätte zu fliehen – ein anschauliches Beispiel dafür, wie jeder, der es versuchte, danach aussehen würde.

Es waren vierundzwanzig Waggons, 1200 Gefangene. Ich hoffte, dass in einem von ihnen Schlomo wäre. Vielleicht würde er mich erkennen.

Nach der »Parade« trugen sie mich in einen Waggon, wo der Untersuchungsleiter begann:

»Nachname, Name, Vatersname, Artikel, Haftdauer?« Und er fuhr fort: »Erzähl, wie es dir gelungen ist zu fliehen und wer dir dabei geholfen hat.«

»Niemand hat mir geholfen, ich habe mich an die Waggonwand gelehnt, und die ist weggebrochen.«

Mit einem Lächeln auf den Lippen fuhr er fort:

»Aus deiner Akte wissen wir, dass du Partisanenkämpfer warst. Aber sag, woher nahmst du den Mut, aus dem Wagen zu springen – du bist doch Jude?«

Ich merkte sein Unverständnis und – wie es schien – seine Sympathie und antworte:

»Wenn Sie, Herr Untersuchungsleiter, ohne jegliche Schuld zehn Jahre bekommen hätten, würden Sie wahrscheinlich auch so handeln.«

»Du musst wissen, dass du ein neues Verbrechen begangen hast, und ich bin verpflichtet, dich bei Gericht für Sabotage nach Artikel 58-14 zu belangen.«

Ich schwieg.

Der Chef des Gefangenentransportes kam hinzu:

»Ein Tag Karzer!«

152

Es war der Teil eines Wagens, wo einem die Hände an einen Haken festgebunden wurden. Die Füsse waren frei. Es war kalt. Von Zeit zu Zeit zappelte ich, um meinen betäubten Körper zu wärmen. Alles tat weh, mein Mund war leer. Ein Aufseher war mir zugeteilt. Ich begann zu flehen:

»Wasser, Wasser! Ich möchte trinken!«

Beim nächsten Bahnhof ging er hinaus. Ich hörte, dass er sich an jemanden wandte.

»Schwester, der Ausreisser will Wasser. Kann ich ihm welches geben?«

»Lass, bis morgen verreckt der sowieso«, hörte ich.

Ich war entschlossen, bis zum Morgen durchzuhalten, danach war alles egal. Aber vor dem Morgen ... nein. Ich begann, verschiedene Lieder zu singen. Auch der Ruf »Aufhören!« nützte nichts. Unter den Liedern war eines, das Mordechaj immer gesungen hatte, »Chajalim almonim« – »Unbekannte Soldaten«. An der nächsten Station wurde ich vom Haken genommen, und man gab mir zu trinken. Essen konnte ich nichts, und so schleppten sie mich in meinen Wagen.

Zu meiner Verwunderung wurde ich ausnahmslos von allen wohlwollend aufgenommen. Der Anführer der »Zakonniki« teile mir sogar einen zu, der Zwieback vorkaute und in meinen Mund legte. Es hagelte Fragen darüber, was ich beim Verhör gesagt hätte. Ich antwortete:

»Leute, ich war eine halbe Stunde mit denen, mit euch werde ich noch lange sein. Schade natürlich, denn die Freiheit war so nah.«

Ich bemerkte noch zwei Verprügelte, blau und geschwollen. Der Verantwortliche meiner Gruppe, Wolodja, und der zweite Jude, der Arzt.

»Was war los?«

Sie erklärten: Nach meiner Flucht wussten sie nicht, wer als Erster gesprungen war, und begannen, die Bündel mit »Beute« hinauszuwerfen. Nach dem dritten oder vierten Versuch bemerkte es der Wächter, eröffnete das Feuer, und der Zug hielt an. Sie stürmten in den Wagen. Alle auf eine Seite, zählen. Sie kamen bis 49. Einer fehlte. Es wurde allen Gruppenverantwortlichen befohlen, Meldung über Abwesende zu erstatten. Das Gedränge war schrecklich, alle fünfzig in einer Waggonhälfte. Mein Major Wolodja rief seine auf:

»Pjotr!«

»Ja«

»Sergej!«

»Ja«

»Wasja!«

»Ja«

»Also, noch Jascha-Jude und ich.«

Er meldete: »Ich habe alle!«

So kam es also, dass alle Verantwortlichen meldeten, sie seien vollzählig.

Nochmals von vorne. Wieder 49. Überprüfung anhand von Formularen. Und da rief mein Wolodja:

»Jascha? Jascha, wo bist du?«

Keine Antwort. Er also …! Nie im Leben hätte er das gedacht: Der ist mir ein schöner Jude! Er meldete:

»Mir fehlt einer, Jaschka, den Nachnamen weiss ich nicht. Jude.«

Sie schleiften ihn aus dem Waggon und verprügelten ihn der Reihe nach. Einem der Wachsoldaten kam ein Gedanke, und er fragte:

»Gibt es hier noch weitere Gefangene jüdischer Herkunft?«

Der ehemalige Oberst der Sanität, Leiter des Feldlazaretts, hob die Hand:

»Ich.«

So zerrten sie auch ihn aus dem Waggon und prügelten ihn bis zur Unkenntlichkeit.

Niemand machte mir einen Vorwurf. Sie stellten keine weiteren Fragen. Im Gegenteil, ich merkte, dass mir Achtung für die Entschlossenheit und den Mut entgegengebracht wurde.

Überführung in einen anderen Zug in Brest. Minsk. Wir wurden in einen Waschraum geführt, und unsere Sachen kamen in die »Entlauserei«. Und dann volle Fahrt in den Osten. Auf den Zwischenstationen und Bahnhöfen hörten wir Stimmen:

»Verräter! Das habt ihr verdient!«

Anfang März 1947.

Wir kamen an. Station Polunotschnaja. Die Lager von Iwdel.

Ich wog 52 kg, konnte mich kaum auf den Beinen halten. Das grelle Licht des Nordens blendete mich. Ich schaffte es mit Mühe bis zur Essensschlange. Ich trank aus und schleppte mich weiter zur Baracke, wo ich auf die Pritsche sank. Viele von uns, die noch die Kraft hatten, gingen auf die Müllhalde, denn da konnte man unter Umständen noch etwas Essbares finden. Ich war dazu nicht in der Lage, und vielleicht rettete mich das. Der wässerige Durchfall streckte viele vom ersten Gefangenenzug nieder.

Ich fragte den Offiziersassistenten um ärztliche Hilfe. Schmerzen überall. Ich wurde in die Krankenstation geführt. Die Ärztin, selber Gefangene, bekam einen Schreck, als sie mich sah. Sie untersuchte und wog mich. Nachdem sie auf meiner Karte den Namen gelesen hatte, Jacob Isaakowitsch Shepetinski, fragte sie mich:

»Bist nicht du der, der zu fliehen versucht hat?«

Ich bestätigte es.

Sie hatte am Tag davor von einem Häftling, einem ehemaligen Kriegsarzt, von der Flucht gehört. Nach der Untersuchung überwies sie mich in die Gesundheitsstelle. In diesem Zustand war ich zu keiner Arbeit tauglich. Vorläufig kam ich auf die Krankenstation.

Am nächsten Tag besuchte mich mein »Engel«. Sie war um die fünfzig und hatte schon neun Jahre abgesessen – blieb noch ein Jahr, wenn nichts mehr dazwischenkam. Ich erzählte ihr von mir, als ob ich mit meiner Mutter reden würde, jedoch nur kurz – ich hatte keine Kraft zu reden. Ihre Augen, die schon viel gesehen hatten, wurden feucht. Zum Abschied sagte sie:

»Halt durch, mein Sohn!«

Danke, liebe Frau Doktor! Dass man zehn Jahre für die angebliche Vergiftung des grossen Schriftstellers Gorkij abzusitzen hat – ein Vorwurf, der vielen Ärzten gemacht wurde – und einem anderen noch eine solche Anteilnahme entgegenbringen kann! Unwillkürlich verglich ich sie mit jener unbekannten Krankenschwester: »Lass, bis morgen verreckt der sowieso!«

Die Lager von Iwdel

Ich wurde zum Lagerkomplex Glucharnaja gebracht. Dort war die Gesundheitsstelle der Lager von Iwdel. Hier wurden die »Ausgelaugten« versammelt, die wieder in eine arbeitsfähige Verfassung gebracht werden konnten. Die übliche Aufenthaltsdauer betrug zwischen zwei bis vier Wochen. In der Essensschlange bemerkte ich einen Häftling, der die Schlange entlangging und allen ins Gesicht schaute. Als er erneut vorbeikam, fragte ich ihn auf Jiddisch:

»Wen suchst du?«

Er freute sich, wartete auf mich, bis ich mein Essen geholt hatte, und lud mich zu sich in die Baracke ein. Es war das Gebäude der Häftlinge, die zum Techniker- und Ingenieurpersonal gehörten. Er stellte sich vor:

»Ich bin Nachman Chait, aus Kischinjow. 1942 zu acht Jahren verurteilt. Schon zwei Jahre bin ich jetzt hier. Wegen meiner aussergewöhnlich schönen Schrift als Schreiber eingestellt.«

Er war es, der mich davon überzeugte, dass hier auch die Kräftigsten die gewöhnliche Arbeit nicht aushielten. Auf welche Art auch immer, galt es, kein »Nichtsnutz« zu werden. Man musste irgendeine Arbeit als Magazinarbeiter, Rechnungsführer, Normbeaufsichtiger oder Brigadeführer finden. Einfach keine allgemeine Arbeit.

»Bei einer Flucht, Gott behüte, hat man überhaupt keine Chance. Alle bisherigen Versuche endeten beklagenswert.«

Während seiner Arbeit kam ihm meine Akte in die Hände, wo mit grossen Buchstaben »Fluchtversuch« draufstand. »Zufälligerweise« kippte das Tintenfass um, und der Inhalt ergoss sich über einige Akten, darunter auch über meine. Erschrocken zeigte Nachman sie dem Offizier der Geheimpolizei und bat um Entschuldigung. Jener antwortete:

»Kleinigkeit, schreib sie neu.«

Und so erhielt ich eine neue und saubere Akte ohne Aufschrift.

Jacob (2. v. r.) mit der Brigade von Laksija, um 1949.

Er half mir auch mit Lebensmitteln und beschaffte mir eine Arbeit in der Küche. Mir ging es schnell besser. Ich wusste, dass das gefährlich war, denn so würde ich schneller in die reguläre Arbeitsschicht zurückgeschickt. Aber es ging über meine Kräfte, mich zurückzuhalten. Nach drei Wochen kam die reguläre Untersuchungskommission, und ich wurde zum 8. Lagerkomplex in die Brigade der Waggonbelader geschickt. Die Distanz zum Arbeitsplatz war nicht gross, aber die Arbeit war sehr hart, zwölf Stunden am Tag.

1948. Die Bildung des Staates Israel war Wirklichkeit geworden. In allen sowjetischen Zeitungen erschienen wohlwollende Kommentare. In Moskau kam der erste israelische Botschafter, Frau Golda Meir, an. Die Zeitungen brachten Reportagen zu Überfällen der Nachbarländer auf den jungen Staat. Diese wären vom englischen Imperialismus begünstigt. Ich beschloss, Molotow und Schwernik einen offiziellen Antrag zu schicken mit der Bitte, mich als ehemaligen Soldaten in den Kampf für die Freiheit des jungen Staates zu schicken. Es gingen Gerüchte um, dass die Sowjetunion Freiwillige entsandte. Nach einigen Monaten hatte ich noch immer nichts gehört und wurde mit meinen Sachen zur regulären Arbeitsschicht geschickt: nach Laksija, dem »Tal der Tränen«, wo ich Nachmans Rat beherzigte und die führerlose Brigade übernahm.

Ende 1948. Diejenigen, welche seit den Verhaftungen 1938 überlebt hatten, wurden in die Freiheit entlassen. Unter ihnen unser Oberbuchhalter Smirnow. Der Leiter unseres Lagerkomplexes, Unteroffizier Didur, der seine Meinung über mich völlig geändert hatte, fragte mich, ob ich nicht einen Experten für Rechnungswesen kennen würde. Ohne nachzudenken, sagte ich ihm, dass er nicht lange zu suchen brauchte: »Er steht vor Ihnen.«

Arbeit und Beziehungen in der Brigade, die ich übernommen hatte, funktionierten unterdessen wieder. Unteroffizier Didur schaute mich an und sagte: »Ich denke, dass wir dich – wenn kein Einwand von oben kommt – für eine dreimonatige Probezeit nehmen.«

Ich fragte Tschuwasch um Rat.

»Wenn sie's anbieten: Nimm's.«

Ich wurde dem scheidenden Oberbuchhalter vorgestellt. Schnell arbeitete ich mich wieder ein, denn vor dem Krieg hatte ich den Lehrgang mit Auszeichnung abgeschlossen und in diesem Beruf gearbeitet. Ich begriff auch, welche Macht mir in die Hände gefallen war. Ohne die Unterschrift von mir und dem Leiter war kein Dokument rechtskräftig. Der vorherige Oberbuchhalter erklärte mir noch im Geheimen die zusätzlichen Pflichten, die die Belieferung von einigen Dienstpersonen betrafen.

Es vergingen drei Jahre. Ich war der Oberbuchhalter des Straflagerkomplexes Laksija von Iwdel. Alltagsprobleme hatte ich keine. Ich schloss Freundschaft mit vielen interessanten Menschen, besonders mit dem medizinischen Personal, den Ärzten Stepan Buschtschenko, Mischa Hadschimurat und Donat Nikolajewitsch Ponomarenko.

Ununterbrochen trafen neue Häftlinge ein: die sogenannten Kosmopoliten, die Opfer der Leningrader Affäre, unter ihnen verhältnismässig viele Juden. Es gab auch Merkwürdigkeiten. So kam ein Transport von ungefähr 800 Menschen an – alle Friseure. Wahrscheinlich auf spezielle Bestellung des Gulag, nur waren fälschlicherweise alle an den gleichen Ort geschickt worden. Rund zehn blieben, die anderen wurden weitergeschickt.

Während der ganzen Zeit liessen mir die Gedanken an meine Schwester keine Ruhe. Hatten sie sie tatsächlich auch verhaftet? Ich beschloss, einen Antrag zu schreiben, um den genauen Ort ihres Strafvollzugs zu erfahren. Die Angaben: Raisa Isaakowna Shepetinskaja, geboren 1926, verhaftet 1946. Ein halbes Jahr verging, dann bekam ich eine Antwort: »Diese Person ist in den Listen des Gulag nicht aufgeführt.« Mir fiel ein Stein vom Herzen, denn das hiess, dass sie frei war und lebte.

Als Oberbuchhalter hatte ich viel freie Zeit, verschlang die Bücher der Bibliothek eines nach dem anderen. Ich lernte die äusserst reiche klassische russische Literatur des 19. Jahrhunderts kennen. Die zeitgenössische Literatur war mit Gorkij und einigen anderen vertreten. Sogar Zeitungen kamen an, wenn auch mit Verspätung.

1952 wurde ein neuer Leiter der Lager von Iwdel ernannt:

Oberleutnant Kurojedow anstelle von Major Poljakow. Es gingen Gerüchte um, dass der vorherige Leiter verhaftet worden sei.

Dann hiess es: »Bereitet euch auf die Visite der neuen Lagerleitung vor.« Am angekündigten Tag trat die ganze Belegschaft des Erziehungs- und Arbeitslagers in Reih und Glied an. Der Leiter des Lagerkomplexes erstattete Meldung. Der Oberleutnant schritt die Reihen ab, blieb bei jedem stehen, fragte nach dem Namen, dem Artikel, der Haftdauer und der Arbeitsstelle. Ich kam an die Reihe, leierte die Informationen herunter: »... Arbeitsstelle: Oberbuchhalter.« Er warf mir einen boshaften Blick zu:

»Du, Landesverräter, bist Oberbuchhalter?!«

Nur eine Stunde später wurde ich zu Lagerleiter Didur gerufen:

»Hör mal, ich kann leider nichts machen. Ich erhielt den Befehl, dich von deiner Arbeit zu entbinden und im Lauf der nächsten drei Tage zum Lagerkomplex Malowodnyj zu schicken.«

»Herr Lagerleiter, nur nicht nach Malowodnyj. Ich bitte Sie, denn dort wird man mir gegenüber keine Gnade walten lassen.«

All die Jahre hatte ich unter dem Schutz der »Zakonniki« gestanden, obwohl ich ein »Freier« war. Und in Malowodnyj waren alles »Sutschenye«*.

»Ich bin nicht sicher, ob es mir gelingen wird, aber ich kann es versuchen.«

Ich rannte zu Tschuwasch und erzählte ihm von meinem Unglück.

»Geh zu Stepan. Er wird sich was ausdenken.«

---

* Sutschenye: So nannten wir Häftlinge, die sich an keinen Ehrenkodex hielten und sich rücksichtslos, roh und kriminell aufführten.

Sofort lief ich zu Stepan Buschtschenko, dem Arzt. Er meinte: »Mach dir keine Sorgen, irgendwas lässt sich da machen.«

»Und was?«

»Mastyrka.«

Unter der Haut, über dem Knochen der Sohle des linken Fusses, setzte er mir irgendein winziges Körnchen ein. Schon nach 24 Stunden stieg meine Temperatur auf 40 Grad, und ich wurde in die stationäre Abteilung des Krankenhauses gebracht. Der Arzt meldete:

»Der Patient Shepetinski muss in eine Isolationskammer. Er ist nicht transportfähig.«

Es stellte sich heraus, dass Oberleutnant Kurojedow, der neue Leiter der Lager von Iwdel, sich persönlich für meinen Fall interessierte. Als ihm mitgeteilt wurde, dass der Arzt keine Besuche gestattete, antwortete er:

»Ich kenne diese Krankheiten!«

Er fuhr persönlich nach Laksija, verlor damit einen Arbeitstag, um die Sache zu überprüfen und die Ärzte für den »Sabotageakt« zu bestrafen.

Als Oberleutnant Kurojedow in die stationäre Abteilung kam, bemerkte ich ihn kaum. Ich hatte 40 Grad Fieber, mein Körper war brennend heiss und rot. Trotzdem hiess er mich, von meiner Koje aufzustehen und mich auf meine Füsse zu stellen. Doktor Buschtschenko wandte ein, dass das nicht nur gegen die Ärzteregeln verstiesse, sondern man könnte auch sich selbst schaden, da die Diagnose noch nicht gestellt sei und die Krankheit ansteckend sein könnte. Da verliess unser »Held« die stationäre Abteilung und fuhr auf einem schlechten Holzweg wieder nach Hause. Wahrscheinlich erschreckte ihn die Möglichkeit der Ansteckung. Wir lachten hämisch, aber ich war dann tatsächlich für zehn Tage krank. Ich fieberte und war nahe am Zustand der Bewusstlosigkeit. Das hatte ich von der »Mastyrka«. Aber nach Malowodnyj wurde ich nicht mehr geschickt.

Die Zeit trug das Ihre bei; ich wurde wieder gesund und

In den Lagern von Iwdel, 1950.

konnte arbeiten. Ich wusste nicht, wem ich dankbar sein konnte, dem Leiter des Lagerkomplexes oder dem Betriebsleiter, jedenfalls war ich wieder in die Brigade der Arbeiter im oberen Magazin aufgenommen worden. Dorthin wurde das Holz aus allen Waldparzellen gebracht, sortiert und gestapelt.

Nach einiger Zeit wurde ich Verantwortlicher der Holzannahme.

Die Ereignisse in der Sowjetunion hatten natürlich auch
Einfluss auf das Klima in den Lagern. Die ganze antisemitische
Kampagne gegen die sogenannten wurzellosen Kosmopoliten,
die Bewegung der Kulturschaffenden, das Jüdische Antifaschis-
muskomitee, die Ärzte in ihren weissen Kitteln, die Patienten
vergiftet haben sollten – das alles wirkte sich natürlich nicht
gerade beruhigend auf meine Zeit als Gefangener aus. Es kam
vor, dass ehrliche und gute Menschen, Nichtjuden, es vermieden, mir zu begegnen oder mit mir zu reden.

März 1953. Stalins Tod versetzte das ganze Land in Aufruhr.
Wir wurden nicht zur Arbeit geschickt. Allgemeine Trauer.
Nach einiger Zeit verbesserten sich die Lagerbedingungen: die
Lagerordnung, das Essen und die Möglichkeit, Briefe und
Päckchen zu bekommen. Leider betraf mich Letzteres nicht –
wie man so sagt, hatte ich ausser dem Radio keine näheren
Angehörigen. Ich dachte: Vielleicht erlebe ich das Ende meiner
Haftstrafe ja noch, denn ich habe mich schon so an diese
Umstände gewöhnt. Zudem vergisst der Mensch, wer er einmal
war. Aber es kam anders. Einer der vier leitenden Vorarbeiter
kam bei einem Unfall ums Leben. Da erinnerten sie sich an
mich. Der Lagerleiter liess mich rufen und verkündete im
Beisein des Betriebsleiters, dass ich mit dieser Aufgabe betraut
würde. Mein Bitten und Flehen half nichts.

»Ich habe nicht mehr viel abzusitzen, lassen Sie mich doch
in Ruhe.«

Aber die Entscheidung war gefallen. Nichts zu machen. Sie
versprachen, mir zu helfen.

Ich wurde in eine Baracke des technischen Personals über-
wiesen, und meine zukünftigen Dienstgenossen, die anderen
leitenden Vorarbeiter, beschlossen, die Sache zu »begiessen«.

»Du kümmerst dich um einen kleinen Imbiss, wir organisieren den Rest.«

Dem konnte man sich nicht entziehen. Wie sich herausstellte, wollten sie mich abfüllen und dann blossstellen. Aber es gibt auch gute Menschen auf der Welt.

»Jacob Isaakowitsch, du musst wissen, dass in diesen Wasserflaschen reiner Alkohol ist«, sagte mir einer des Sechsergespanns der leitenden Vorarbeiter.

»Danke, mein Freund, ich werde das berücksichtigen.«

Ich bereitete mich vor, wie sich's gehört: 100 Gramm Butter im Voraus. Als wir die Gläser das erste Mal hoben, trank ich unter Anstrengung in einem Zug aus. Vom Kehlkopf bis in den Magen brannte eine Feuersäule. Sie schauten mich an, als ob ich vom Mond käme.

»Jawohl, der ist gut!«, und ich machte gleich weiter. »Der Mensch steht auf zwei Beinen«, und füllte ein zweites Glas. Dann ass ich einen Happen. Ich entfernte mich für eine Minute, den Finger in den Hals ... Als ich zurückkam: »Gott liebt die Dreieinigkeit!« Es brauchte nicht lange, und sie schleppten sich mühsam zu ihren Kojen.

Die Prüfung war bestanden. Ich hatte ihre Achtung gewonnen.

Ich begann zu arbeiten und tat alles dafür, dass die Arbeiter die maximale Ration erhielten. Dazu musste man das Plansoll übertreffen. Ich veränderte die Arbeitsordnung. Das Holz wurde nicht in der Parzelle sortiert, sondern bündelweise mit Seilwinden auf den obersten Stapel befördert und erst dort in Sorten aufgeteilt: Gerüstbauholz, Bauholz, Holz für das Sägewerk, Holz für Eisenbahnschwellen, Pfahlhölzer und das knappe Holz für Schiffsplanken und Furnierholz aus Birke. Doch was immer man auch tat, den Plan zu 150 Prozent zu erfüllen, war ohne Mogelei nicht möglich. Das war nicht nur in der Holzproduktion so, sondern, wie sich zeigte, in allen Zweigen der Volkswirtschaft. In den unteren Magazinen waren die Überschüsse, vor allem das Holz für die Verstrebungen im Bergbau und für Eisenbahnschwellen. Von den anderen Sorten gab es bedeutend weniger. Es bedurfte einiger Anstrengung, sie zu bekommen. Überhaupt könnte man über das sowjetische

System der Mogelei mehr als eine Doktorarbeit schreiben. Es war ein offenes Geheimnis, dass alle – von oben bis unten – davon wussten. Wie dem auch sei, es wurden mir Quittungen über grössere Holzmengen ausgestellt, als wir geliefert hatten – jedenfalls hatte meine Parzelle ihr Plansoll übertroffen. Fast alle erhielten die maximale Essensration.

Das Datum meiner Freilassung kam näher. Laut Urteil der 12. April 1956, aber für die gute Arbeit wurden mir 480 Tage erlassen; das hiess fast 16 Monate weniger.

Hurra!

Das Datum der Freilassung näherte sich also: 15. Dezember 1954. Doch je näher der ersehnte Tag rückte, desto grösser wurden meine Sorgen. Der Appetit war mir vergangen, ich konnte nicht mehr schlafen. Verschiedenste Gedanken gingen mir durch den Kopf: Wenn sie plötzlich die Meinung ändern oder noch eins draufgeben? Vielleicht erinnern sie sich an den Fluchtversuch ...? Und danach, wohin soll ich denn gehen? Ich habe doch noch fünf Jahre Verbannung ... Wahrscheinlich mussten alle, die bald entlassen wurden, durch diesen Zustand hindurch.

Von Anfang Dezember 1954 arbeitete ich meinen Genossen bei der Holzannahme ein. Ich bemühte mich, ihn mit allen notwendigen Menschen bekannt zu machen, und gab gute Ratschläge. War das voreilig? Ich erschrak selber darüber. Diese letzten paar Tage vor der Entlassung waren die Hölle.

Am Morgen des 15. Dezembers 1954:

»Shepetinski, mit den Sachen!«

Es war Winter. Die Temperatur minus 35 Grad Celsius. Wir waren eine Gruppe von 40 Entlassenen. Alle unter Bewachung. Am Ziel angekommen, wurden wir in ein warmes Gebäude geführt. Einer nach dem anderen wurden wir aufgerufen. Wenn es nach dem Alphabet ginge, wäre ich einer der letzten. Es war zum Wahnsinnigwerden, meine Nerven waren zum Zerreissen gespannt. Und unvorstellbar – ich blieb allein zurück. Alle waren schon aufgerufen worden. Das Gebäude war geheizt, und ich zog meine Matrosenjacke aus, mir klapperten die Zähne, und gleichzeitig war ich von Kopf bis Fuss in kalten Schweiss gebadet. Hatten sie mich tatsächlich ...

Nach einer Stunde wurde ich gerufen. Ich versuchte, ruhig zu bleiben. Sie legten mir die Gefängnisakte vor, ich unterschrieb und blätterte lässig einige Seiten durch: Ich bemerkte meinen Antrag von 1948 an Molotow und Schwernik. Sie forderten mich auf, den Verbannungsort zu wählen. Man konnte auch an diesem Ort bleiben, das hiess im Nordural. Ich wählte Karaganda. Dort lebte mein früherer Freund Nachman Chait. Ich erhielt zehn Tagesrationen Trockennahrung, eine Entlassungsbescheinigung und was ich für die Bahnfahrkarte brauchte. Sie wiesen mir die Richtung zur örtlichen Polizei, um meine Ankunft zu melden. Dannach wurde das Tor geöffnet: »Alles Gute!«

Zum Bahnhof waren es vier Kilometer. Ich fragte jemanden nach den anderen. Die Antwort kam mit einem Lächeln: »Dachtest du, dass sie auf dich warten würden? Sie sind weg. Wenn du nicht allein gehen willst, dann warte bis morgen.«

»Danke, schönen Aufenthalt!«

Ringsum war alles weiss; das Tor, die Baracke, der Stacheldraht, die Leitungsdrähte, der Rauch aus dem Schornstein, die Erde und der Himmel. Nur ich war ganz in Schwarz: die Ohrenmütze, die Matrosenjacke, die Wattehosen, die Filzstiefel, und auf meinem Rücken trug ich ein schwarzes Bündel.

Ich setzte einen Fuss vor den nächsten und begann, vorwärts zu gehen. Ich sog die frostige Luft durch meine Nase ein und atmete mit einem Pfeifen wieder aus.

Meine Seele sang schweigend. Ich konnte nach links abbiegen, ich konnte nach rechts abbiegen, ich konnte in die Luft springen – ich konnte es ohne Angst. Ich konnte alles!

Um mich herum war eine erstaunliche Stille, nur das Knirschen des Schnees unter meinen Füssen. Knirschen auf Knirschen, in regelmässigen Abständen. Es gab keine bessere Begleitmusik.

Ein eisiger Wind blies mir in mein erhitztes Gesicht. Meine Wimpern und Augenbrauen waren schon weiss. Ich zog meine Handschuhe aus, nahm weissen, sauberen Schnee und rieb mir das Gesicht ab.

Wie gut das tat! Freiheit!

Verbannung in Karaganda

Karaganda erwartete mich mit einer Mischung aus Staub, Kohle und Sand. Nach langen Jahren im Nordural, in den grossen Wäldern, unter Lärchen, Tannen und Fichten, wo die Luft klar ist wie Bernstein, fiel einem das Atmen schwer. Doch ich sagte mir: Die Menschen hier sind am Leben, und auch du wirst dich daran gewöhnen.

Die Familie Chait nahm mich sehr freundlich auf. Mein erster Besuch galt der Polizeiverwaltung; ich meldete mich an und musste zweimal pro Monat dahin. Verreisen ohne Genehmigung durfte ich nicht. Sogleich erhielt ich auch eine Zuweisung zur Arbeit im Kostenko-Schacht. Was soll's! Dann musste ich eben unter die Erde. Ich wurde in die Brigade Innerer Schachttransport eingeteilt.

In diesen Jahren war Karaganda eine Ansammlung aller Entlassenen aus den sowjetischen Lagern. Kein Wunder, war dieser Bezirk mit ihnen überfüllt.

1956 wurde bekannt, dass ein Abkommen zwischen der UdSSR und Polen geschlossen worden war: Alle ehemaligen polnischen Staatsangehörigen, die aus irgendeinem Grund nicht in die Heimat hatten zurückkehren können, konnten das jetzt tun. Das hiess, ich konnte legal ausreisen, und von Polen aus wäre es dann leichter, nach Israel zu gelangen.

Ich lernte viele andere kennen, die in der gleichen Lage waren. Schmuel Zejtlin, genannt »Bubi«, der in meinem Leben eine besondere Rolle spielen würde. Eine Zahnärztin in der Poliklinik, Sofija Ilinitschna Bobrowa, ein sehr feinfühliger, guter Mensch. Wie schon erwähnt, hatte ich Probleme mit den Zähnen, und sie behandelte mich. Sie war geschieden und hatte eine Tochter, Ira. Ich erzählte ihr offen von meinen Träumen und Plänen, aber leider war sie an ihre Mutter, ein altes Parteimitglied, und ihren Bruder gebunden und konnte so nicht meine Begleiterin werden.

Wenig später erhielt ich eine Benachrichtigung, dass ich

mich bei der Polizei melden sollte. Der Grund der Vorladung war nicht angegeben, der Termin erst zwei Wochen später. Ich war auf alles vorbereitet und packte die nötigsten Sachen, denn ich war überzeugt, dass es mit der »Strafration« noch nicht vorbei war. Ich kann kaum beschreiben, wie diese Tage für mich waren – ich wünsche es niemandem. Zwei Wochen später stand ich da, gab dem Diensthabenden die Vorladung und meine persönlichen Dokumente.

»Setzen Sie sich, Sie werden gerufen!«

Ich wartete zwei Stunden.

»Shepetinski, Jacob Isaakowitsch, ins Zimmer drei.«

Das Herz schlug mir bis zum Hals, und es bedurfte einer übermenschlichen Anstrengung, um das Gleichgewicht und die Ruhe zu behalten.

Ich klopfte ans Zimmer Nummer drei.

»Herein!«

Hinter dem Tisch sass ein junger Polizeileutnant, streckte die Hand aus und bot mir einen Stuhl an. In der Hand hielt er meinen Personalausweis.

»Bürger Shepetinski, Sie haben eine Haftstrafe gemäss Urteil des Kriegsgerichts der Truppen des Innenministeriums hinter sich.«

»Genau, hinter mir!«

Er reichte mir die Hand und sagte:

»Also, Bürger Shepetinski, Jacob Isaakowitsch, ich gratuliere Ihnen. Ihr Fall ist am 23. Mai 1956 vom Kriegskollegium des Obersten Gerichtshofes der UdSSR revidiert worden. Sie gelten jetzt als nicht vorbestraft, und es gibt keine Notwendigkeit, dass Sie weiterhin auf die Polizei kommen müssen, um sich zu melden. Zudem händige ich Ihnen ein Dokument aus, mit dem Sie die Summe von zwei Monatslöhnen erhalten.«

Jetzt hielt ich es nicht mehr aus. Ein Schwall von Zorn und Enttäuschung brach aus mir heraus:

»Warum, warum nur diese zusätzliche Folter? Sie hätten doch auf dem Benachrichtigungsschreiben den Grund der Vorladung angeben können! Glauben Sie mir, ich bin fast verreckt. Fünfzehn Tage lang habe ich das Schlimmste befürchtet. Kennen Sie denn überhaupt keine Menschlichkeit?«

»Bürger Shepetinski, bei uns ist es nicht üblich den Grund der Vorladung anzugeben ...«

Ich begann mich ernsthaft auf die Emigration nach Polen vorzubereiten. Mein neuer Freund, Bubi, der auch »einen Zehner« hinter sich hatte, wusste davon und bat mich, seine Freundin Riva mitzunehmen. Sie hatte ebenfalls zehn Jahre abgesessen und lebte vorübergehend bei ihrer Schwester in Riga. Die Sache war einfach: heiraten und zusammen ausreisen. Bubi wollte auch eine Polin finden, und in Polen würden wir dann wieder zusammenkommen. Ohne lange nachzudenken, stimmte ich zu. Bubi brachte alle notwendigen Dokumente aufs Standesamt, ich unterschrieb, und nach zwei Monaten erhielt ich die Heiratsurkunde. Man konnte gratulieren: Ich war verheiratet. Und nicht nur, dass ich meine Frau wenig gekannt hätte – ich hatte sie gar noch nie gesehen. Bei der Visums- und Registrierungsabteilung reichte ich den Antrag auf Ausreise nach Polen ein. Ich musste nicht lange warten. Direkt von der Strasse wurde ich in die Hauptverwaltung des KGB geführt. Musste das sein? Wieder hiess es durchhalten!

Der Chef des KGB beschuldigte mich drohend und schreiend, ich würde versuchen, eine Bürgerin der UdSSR auf illegale Weise ins Ausland zu bringen.

»Entschuldigung, das ist meine Ehefrau!«

»Welche Ehefrau! Wir wissen alles, du bist nicht nur ein ehemaliger Verräter, sondern auch noch ein Gauner. Diese Ehe ist fingiert.«

»Falls diese Papiere falsch und fingiert sind, dann haben Sie Recht. Ich habe das erste Mal in meinem Leben geheiratet, und sie ist von Gesetzes wegen meine Ehefrau.«

»Also Shepetinski, ich schlage vor, du unterschreibst, dass diese Ehe fingiert ist, und dann erlauben wir dir, allein auszureisen.«

Ich dachte mir: Da bist du an den Richtigen geraten, diese Versprechen kennen wir doch.

»Verzeihung, das kann ich leider nicht tun. Sie ist meine erste und gesetzliche Ehefrau. Alle Dokumente sind sowjetischer Herkunft und entsprechen dem Gesetz. Ich werde Berufung einlegen.«

»Wie du willst, aber denk darüber nach.«

Sie liessen mich laufen.

Mit Riva in Riga, kurz vor Geburt von Hanna 1960.

Mit Bubi zusammen beschlossen wir, dass ich Karaganda verlassen und zu »meiner Frau« nach Riga fahren sollte, um mich dort von neuem um eine Ausreise zu bemühen. Meine Frau würde mich am Bahnhof abholen, sie mit der »Prawda« in der Hand und ich mit der »Izwestija«. So trafen wir uns 1957 und wohnten vorübergehend in der Wohnung ihrer Schwester.

Der Abschied von Karaganda, besonders von Sofija Ilinitschna, fiel mir schwer. Aber der Wunsch, in das Land zu gelangen, von dem ich schon mein ganzes Leben lang träumte, war stärker als alles andere.

Bubi

Seit 1990 weilt Bubi nicht mehr unter uns. Der Entschlossene und Mutige, der sein Land, sein Volk ohne Wenn und Aber liebte. Ein Mensch mit einem grossen Herzen und einer feinfühligen Seele, immer bereit, für einen Freund einzustehen, dem das Gesetz oder andere Menschen es schwer machten. Er wartete nicht darauf, dass man ihn um Hilfe bat, sondern kam aus eigenen Stücken auf einen zu. Ein Mensch, der nicht für einen Augenblick die schreckliche Tragödie vergass, die unser Volk ereilt hatte.

Als ich nach meiner Freilassung in Karaganda aus dem Zug stieg, wo natürlich niemand von meiner Ankunft wusste, mich niemand erwartete oder vom Bahnhof abholte, bemerkte ich einen mageren, leicht hinkenden Burschen, der dem Zug entlanglief.

»Kommst du vom ›Zehner‹? Wahrscheinlich bist du hergekommen, um den ›Fünfer‹ hier abzusitzen?«

»Und wenn, was ist schon dabei?«, murmelte ich.

»Gar nichts! Ich habe auf dich gewartet. Jedenfalls hole ich dich hier ab«, sagte er. »Komm, lass uns gehen«.

So lernten wir uns kennen. Es stellte sich heraus, dass Bubi jeweils auf die Züge wartete und die Entlassenen aus den Lagern abholte.

Eine unglaubliche Geschichte aus seinem Leben hat mir Bubi viel später einmal erzählt, die sich wirklich ereignet hat und nicht erfunden ist, so verrückt sie auch klingen mag. Ich erfuhr sie einmal spätabends, während eines langen Gespräches, als eine Flasche Wein auf dem Tisch stand und Sülze, die Bubi sehr mochte. Er erzählte:

Als ich sieben wurde, zog meine Familie in Riga in eine neue Wohnung um. Unsere neuen Nachbarn waren deutschstämmige Balten, nette und angenehme Menschen, die uns freundlich willkommen hiessen. Unsere Familien befreundeten sich. Sie hatten drei Kinder: einen Sohn, Arnold, fast so alt wie ich, und zwei Töchter. Arnold und ich wurden sofort Freunde, spielten, machten Hausaufgaben zusammen und trieben – wie alle Kinder in diesem Alter – eine Menge Unfug. Die Geburts- und Feiertage verbrachten wir zusammen. Bis 1934 war unsere Kinderfreundschaft keiner Bedrohung ausgesetzt. Nach Hitlers Machtergreifung und den inneren Umwälzungen in Lettland wurden wir auf verschiedene Schulen geschickt. Ich konnte als Jude nicht mehr auf eine deutsche Schule gehen und wechselte an das jüdische Gymnasium über. Natürlich blieben wir gute Freunde, aber auch wir konnten uns dem Einfluss der Ereignisse in Deutschland nicht entziehen. Prügeleien und Zusammenstösse zwischen uns und deutschen Jugendlichen wurden häufiger. Arnold jedoch nahm an solchen Geplänkeln nicht teil, und wir blieben Freunde.

1939 wurde Arnolds Familie nach Deutschland repatriiert. Wir verabschiedeten uns mit einer gewissen Bitterkeit. Unsere Verbindung war unterbrochen, und es blieben nur die schönen Kindheitserinnerungen.

Am 22. Juni 1941 begann die Operation »Barbarossa«. Der Verbündete von gestern überfiel die Sowjetunion. In einem chaotischen Gehetze wurden die Regierungsbehörden aus Riga evakuiert. Es herrschte Panik, und in diesem heillosen Durcheinander traf ich auf der Strasse auf eine bekannte Gestalt – Arnold. Verwundert sprach ich ihn an:

»Hallo, mein Freund, wie kommt es, dass du hier bist?«

»Entschuldigen Sie, aber Sie verwechseln mich mit jemandem«, antwortete er und entfernte sich rasch.

Bevor ich reagieren konnte, war er verschwunden. Ich erinnerte mich plötzlich, dass von vereinzelten Soldaten der Landetruppen die Rede war. Jetzt begriff ich, aber es war zu spät.

Ich war der einzige meiner Familie, der es in den Osten geschafft hatte. Mir war es gelungen, heil und unversehrt nach Gorkij zu gelangen. Am 13. November 1941 wurde ich einberufen und zur sich formierenden Lettischen Division geschickt.

Ein bisschen Kriegshandwerk wurde uns beigebracht, und dann ging's an die Front. Moskau lag hinter uns. Es gab kein Zurück.

Ende März 1942. Der Frost wurde nicht weniger, und Schneestürme tobten – der harte russische Winter. Irgendwie war es unseren Aufklärern gelungen, drei »Zungen« – so wurden Gefangene genannt, die zum Reden gebracht werden sollten – gefangen zu nehmen. Der Übersetzer konnte die beschlagnahmten Dokumente nicht entziffern, da ihm die Schrift völlig fremd war. Ich wurde in den Stab gerufen. Als ich den Text sah, konnte ich ihn lesen; es war gewöhnliche Frakturschrift. Das Heft war ziemlich dick, es war das Tagebuch eines Soldaten. Ich vertiefte mich in die Lektüre und merkte, wie meine Nervosität stieg. Mein Gott, diese Schrift kam mir doch bekannt vor. Konnte das wahr sein? Es gab keinen Zweifel: Ich war auf Arnold gestossen. Aber da begriff ich auch die Gefahr meiner Lage. Ich konnte keinem sagen, dass wir ehemalige Nachbarn und Freunde waren ...

Ich übersetzte das Geschriebene, aber es gab nichts von Interesse im Tagebuch. Ich stellte den Antrag, bei Verhören als Übersetzer teilzunehmen, um wichtige Information zu ermöglichen. Der Kommandant willigte ein, wir wurden in einen Wohnbunker geführt. Dort sassen drei Gefangene im Licht von Bodenleuchten. Wir nahmen gegenüber im Halbdunkel Platz. Ich erkannte ihn sofort wieder: Mein »Freund« war hier. Ich vertiefte mich in die Lektüre der Papiere; ich wollte seinem Blick nicht begegnen. Aber das war wahrscheinlich gar nicht notwendig. Ich hatte mich in der letzten Zeit sehr verändert: ein langer roter Bart, eine Mütze mit Ohrenklappen – meine eigene Mutter hätte mich nicht wiedererkannt. Der Kommandant wandte sich an die Gefangenen, und ich übersetzte mit strenger Stimme: »Wer die gestellten Fragen nicht beantwortet oder lügt, wird an Ort und Stelle erschossen.«

Zwei Gefangene wurden von den Wachsoldaten hinausgeführt, und zurück blieb – wer wohl? – Arnold. Die Befragung

ging los: Nachname, Vorname, Geburtsort und -jahr, Schul-
bildung, letzter Wohnort, militärischer Rang, Truppengattung,
militärische Spezialausbildung, Name und Rang des Kommandanten?

Natürlich waren alle Antworten blanke Lügengeschichten.
Ich unterbrach ihn scharf und sagte mit hartem, überzeugtem
Ton, wie abgelesen:

»Du lügst, Dreckskerl. Wir haben genaue Angaben!«

Ich nannte seinen richtigen Nachnamen, Vornamen, den
Namen des Vater, der Mutter und der Schwestern, Geburtsort
und -jahr und das Jahr, in dem er nach Deutschland ausgereist
war. Arnold stand stramm vor uns, erbleichte und taumelte.
Der Wachsoldat neben ihm stütze ihn, ohne den Grund für die
plötzliche Schwäche zu verstehen. Mit zitternder Stimme sagte
Arnold:

»Ich bitte um Verzeihung, aber bringt mich nicht um. Ich
werde die ganze Wahrheit sagen.«

Es stellte sich heraus, dass er Funker war, die Nummern und
genauen Aufenthaltsorte der Einheiten kannte und wusste, welche in Bewegung waren. Als er fertig war, fragte er, ob er jetzt
am Leben bliebe?

»Dein Leben hängt davon ab, wie sich deine Kameraden
aufführen werden.«

»Erlauben Sie mir, mit ihnen zu reden.«

Die restlichen Gefangenen wurden hereingeführt, und er
sagte ihnen:

»Es ist sinnlos zu lügen, sie wissen alles über uns. Ihr müsst
die Wahrheit sagen. Die kleinste Lüge, und wir werden umgebracht. Ich habe alles erzählt.«

Danach ging alles sehr schnell. Der Kommandant wandte
sich erstaunt an mich:

»Rotarmist Zejtlin, du bist ein Prachtkerl. Wie schnell du sie
geknackt hast! Du wirst deinen Kriegsdienst als Übersetzer im
Stab fortsetzen.«

Hier hielt Bubi inne, trank einen Wodka, steckte sich ein Stück Sülze in den fast zahnlosen Mund, kaute langsam, noch ein Schluck, und als die Sülze aufgegessen war, fragte ich:

»Bubi, hast du dich ihm tatsächlich nicht zu erkennen gegeben?«

Aber er wollte nicht davon reden:

»Du Nichtsnutz, die ganze Zeit nur Fragen. Du kannst mich mal!«

Ich war aber mit Bubis Erzählung über sein Zusammentreffen mit Arnold an der Front noch nicht zufrieden. Als ich ihn einige Jahre später bei seiner Rückkehr von einer Ferienreise abholte, bei der er auch in Deutschland war, diente mir das als willkommener Vorwand, ihn zu einer Fortsetzung zu bewegen. Ich fragte ihn:

»Du hast mir vom Zusammentreffen mit Arnold an der Front erzählt. Was ist danach passiert?«

»Danach habe ich mich volllaufen lassen – ich weiss nicht mehr, wie es endete.«

»Du hast ihn dazu gebracht, zu gestehen und die anderen zu überzeugen, dass sie die Wahrheit sagen sollen.«

Bubi schien in Gedanken zu versinken. Seinem Gesicht konnte ich entnehmen, dass in ihm Bilder der Vergangenheit hochkamen. Nach einer Pause sagte Bubi:

»Ich bat den Bataillonskommandanten, mich den Wachen des Gefangenentransports zum Divisionsstab zuzuteilen.«

»Wozu?«, fragte ich Bubi, »wolltest du, dass er dich erkannte?«

»Dummkopf, darum ging es nicht! Weisst du etwa nicht, dass die Wachsoldaten unterwegs Gefangene unter dem Vorwand des Fluchtversuches erschossen? Aber ich konnte nicht zulassen, dass Arnold nicht am Leben blieb. Der Bataillonskommandant, dankbar dafür, dass ich es geschafft hatte, dass die Gefangenen die Wahrheit sagten, ernannte mich zum Leiter der Wachsoldaten. Im März 1942 erwarteten wir bei uns im Hinterland schon die Deutschen und mussten grosse Vorsicht walten lassen, wenn wir nachts rausgingen. Wir verirrten uns bis zum Morgen auf einer Strecke von fünf, sechs Kilometern. Aber kurz und gut, die Gefangenen kamen unversehrt am Bestimmungsort an.«

Es schien, als ob es keine Fragen mehr gäbe, und so fuhr ich Bubi schweigend zu seinem Haus. Als er ausstieg, sagte ich leise, wie zu mir selber:

»Interessant. Wenn es andersherum gewesen wäre, dann hätte er doch auch ...«

Unerwarteterweise rief meine Bemerkung bei ihm Unmut hervor. Heftig schnitt er mir das Wort ab:

»Eine kindische Bemerkung! Du bist doch kein Kind mehr, du musst das doch verstehen!«

Nach diesen Worten lag mir die Frage, ob er in Deutschland Arnold getroffen hätte, auf der Zunge. Doch ich stellte sie nicht. Ich war mir sicher, dass er ihn gesucht hatte.

Und ich war dort …

Riga gefiel mir. Ich erinnerte mich an den 13. Oktober 1944, als ich mit meiner Einheit in diese Stadt kam und den Wunsch hatte, wenigstens ein bisschen zu bleiben. Und jetzt, dreizehn Jahre später, war ich hier und hatte Arbeit gefunden. Nur eine Sache liess mir keine Ruhe, liess mich nachts nicht schlafen, und tagsüber musste ich ständig daran denken: Ich wollte d o r t h i n, mich hinstellen, den Kopf neigen und beten. Als Bubi und Chaim, der Bruder »meiner Frau«, davon erfuhren, wollten sie mich begleiten. So fuhren wir zusammen. Wir kamen in Slonim, meiner Heimatstadt, an. Ich erinnerte mich an jede Strasse, jede Gasse, erkannte alle unversehrten Häuser, und mir schien immer wieder, dass uns ein Bekannter, Nachbar oder Verwandter entgegenkäme. Ich erinnerte mich noch an die Gesichter, an ihre Stimmen, ihren Gang … Aber es lohnte sich nicht, darauf zu warten. Keiner von ihnen würde uns entgegenkommen, keine ihrer Stimmen zu hören sein. Es war keiner mehr da – überhaupt keiner. Meine Heimatstadt war mir fremd geworden. Es gab kein Denkmal und keine Gedenktafeln. Wir verliessen die Stadt und gingen dahin, wo … Als wir näher kamen, bat ich: »Lasst mich alleine!«

Es waren schon fast zwanzig Jahre vergangen. Die Natur hatte sich verändert, die Bäume waren in die Höhe gewachsen, ein dichter grüner Busch bedeckte die Lichtung, aber ich fühlte, dass es hier war. Vor mir liefen zwei parallele Gräben, nicht tief. Mein Herz stand still, meine Augen füllten sich mit Tränen. Ich kniete mich auf den Boden. Die Erde war weich und leicht einzudrücken, ich siebte sie, schüttete sie von der einen Hand in die andere. Unwillkürlich grub sich eine Hand tiefer und tiefer in den Boden – Knochen, menschliche Knochen, von den Unsrigen. Ich zog einen heraus, noch einen, wechselte den Platz. Ein Stück weiter – auch hier. Schnell zog ich das Hemd aus, band es zusammen und füllte es. Erklären konnte ich meine Handlungsweise nicht.

Es war kaum auszuhalten: Leise Schluchzer kamen wie eine Lawine aus meiner Brust. Wie viele Jahre hatte ich damit gewartet. Ich hatte keine Zeit gehabt, war immer beschäftigt gewesen. Die Freunde waren an meiner Seite und hoben mich hoch. »Begreift ihr, hier liegen mehr als achttausend Menschen, und ich war auch dabei ...«

Auf dem Heimweg machen wir Halt bei Freunden, bei der Familie Schtukarewitsch in Vilnius. Einen Gedanken bekam ich nicht aus meinem Kopf: Welchen Grund gab es, die Männer vor dem Erschiessen von den Frauen und Kindern zu trennen? In der Nacht verlor ich das Bewusstsein, als ich aufstehen wollte. Die Ambulanz wurde gerufen, aber sie konnte mich nicht einmal einliefern, da mein Puls mit mehr als hundert Schlägen pro Minute raste. Die ganze Zeit war ich im Fieberwahn. Erst einige Tage später kam ich wieder zu Bewusstsein.

»Gott sei Dank, du bist aufgewacht. Wir dachten schon ...«, sagten meine freundlichen Gastgeber. »Bleib noch ein paar Tage, und wenn du wieder bei Kräften bist, kannst du nach Hause. Jetzt ruhe dich erstmal aus.«

Aus der »Zweckheirat« mit Riva wurde eine Liebesehe. Am 24. März 1960 wurde uns eine Tochter geboren. Wir nannten sie Hanna, zu Ehren meiner Mutter. Ich erinnerte mich an ihre Worte: »Wenn du am Leben bleibst, wirst du noch erleben, wie dir Kinder geboren werden.«

Auch unser zweiter Versuch auszureisen glückte nicht: Ich erhielt eine Absage. Da endlich erhellten sich die wahren Gründe: Ich war Rivas zweiter Mann. Sie hatte schon 1945 vor ihrer Verhaftung mit der gleichen Absicht geheiratet, aber nur ihr »Ehemann« hatte es geschafft, nach Polen auszureisen. Ich hatte eine bereits verheiratete Frau geheiratet, aber nichts davon gewusst. Ich erfuhr es erst vor Gericht, als man sie dessen beschuldigte. Unser Ehevertrag wurde für ungültig erklärt. Ich war verärgert, konnte meine Wut und meinen Schmerz nicht verbergen: »Wieso hast du mir nicht die Wahrheit gesagt?« Doch andererseits kannte ich ihre Liebe zu dem Land, wohin sie unbedingt wollte, und den Preis, den sie dafür bezahlt hatte. Schweigend verliessen wir das Gericht.

»Jascha, wie geht's jetzt weiter?«

»Wir werden zusammen weiterkämpfen.«

Bubi organisierte über die israelische Botschaft die Scheidung von ihrem ehemaligen Mann, und wir heirateten am 20. August 1963, ihrem Geburtstag, nochmals.

Im Herbst hatte ich Ferien, und wir beschlossen, in den Süden zu fahren, zum ersten Mal im Leben in den Urlaub. Wir verbrachten eine schöne Zeit in diesen wunderbaren kleinen Ortschaften, zu dritt, mit unserer Tochter. Es gelang uns, von Sochumi nach Odessa Plätze auf dem Dampfer »Russland« zu bekommen. In Odessa angekommen, setzten wir uns in den Zug, der uns vom Meereshafen wegbringen sollte. Auf der Fahrt jedoch stiess eine manövrierende Lokomotive mit uns zusammen, und ich wachte erst wieder im Krankenhaus auf – wieder war ich am rechten Fuss verletzt worden. Ich dankte dem Schicksal, dass meine Tochter und meine Frau unversehrt geblieben waren. Sie fuhren wieder nach Riga, während ich blieb, bis die Wunde der Operation verheilt war. Eines Nachts im Krankenzimmer hörte ich die Nachrichten: Der amerikanische Präsident Kennedy war ermordet worden. Ich weckte meinen Nachbarn:

»Du, sie haben Kennedy ermordet!«

»Und wer ist das?«

»Schlaf weiter, mein Freund, entschuldige, dass ich dich geweckt habe ...«

V

»Wir sind zu Hause«

Im Jahr darauf besuchten mich Landsleute aus Israel, Touristen, in Riga. Sie erklärten mir, dass sie in Tel Aviv ein Denkmal in Erinnerung an die ermordeten Einwohner von Slonim errichten wollten. Doch nach jüdischem Brauch benötigten sie dazu Asche oder Gebeine vom Begräbnisort. Ob ich ihnen helfen und sie dahin führen könnte. Ich sage ihnen, dass wir nirgendwohin fahren müssten: Ich hätte, was sie bräuchten. Sie setzten ein Protokoll auf, das wir alle unterschrieben, sie packten die Überreste ein und fuhren zurück. Die Knochen wurden auf dem Friedhof von Tel Aviv beerdigt. Zur Zeremonie und zur Enthüllung des Denkmals reisten Slonimer aus der ganzen Welt an.

Mit Hanna, vor der Ausreise nach Israel, 1966.

Die Einreichfrist für den Ausreiseantrag nach Polen war wieder verstrichen. Wir beschlossen, ein Gesuch um Auswanderung nach Israel zu stellen. Riva war schon nach Hannas Geburt schwer erkrankt. Die Ausreise wurde bewilligt, und am 15. Juni 1966 waren wir in Israel. Alle noch am Leben geblieben Partisanen und mein Freund Mordechaj Schimschoni, der ja eigentlich Mosche Darewskij hiess, holten uns ab. Meine wiedergefundene Schwester, bereits Mutter von drei Kindern, kam aus Kanada, wo sie lebte, hergeflogen. Eine lange Odyssee war an ihr Ende gekommen.

Auf der Treppe des Flugzeuges sagte die sechsjährige Hanna weinend:

»Papa, es reicht jetzt, dass wir immer von Ort zu Ort reisen. Ich will nach Hause!«

»Hanna, wir sind zu Hause.«

Riva wurde direkt vom Flugzeug mit der Ambulanz ins Krankenhaus gebracht. Sie wurde mit den modernsten Methoden der Medizin behandelt und – o Wunder! – nach zwei Wochen schon wieder entlassen. Wir erhielten eine Wohnung und die nötigsten Sachen. Das Gepäck war noch unterwegs. Unsere Verwandten von beiden Seiten halfen mit allem, was sie konnten.

Das Schuljahr begann, und Hanna kam in die erste Klasse. Die einzige neue Schülerin in der ganzen Schule. Nur die anderen neu Repatriierten wussten und verstanden, dass dieser Anfang nicht leicht war. Hannas erste Lehrerin war niemand anderes als die Tochter von David Ben Gurion, Geula Ben Elieser. Die Lehrer und die meisten Schulkameraden waren sehr nett zu unserer Tochter, aber ein Kind ist eben ein Kind. Alle Mütter brachten die Kinder morgens zur Schule und gingen zu Elternversammlungen. Riva konnte das alles nicht. Sie blieb krank.

Unvergessen ist mir der Vorwurf unserer Tochter:

»Mama, mir ist es verleidet. Alle sind gesund, aber du bist immer krank. Wann wirst du endlich gesund?«

Und Rivas Antwort:

»Hab Geduld, mein Engel, deine Mutter wird bald wieder gesund sein.«

Ich stand daneben, hörte zu und schwieg. Ich konnte nichts sagen.

Wie viel Kraft hat eine Mutter, die so reagieren kann, obwohl sie ihre Krankheit kennt und weiss, dass es keine Hoffnung auf Genesung gibt!

In einem offenen Gespräch sagte sie mir:

»Jascha, ich weiss, dass du eine Frau an deiner Seite brauchst. Ich bitte dich, eine zu finden, die nicht nur dir Ehefrau, sondern unserem Kind auch eine Mutter ist.«

Ich stand am Bett einer hoffnungslos kranken, aber mutigen, tapferen und liebevollen Frau und Mutter und sagte:

186

»Riva, nicht aufgeben! Wir werden bis zuletzt ums Leben kämpfen. Und du sollst wissen, dass unsere Tochter immer an erster Stelle kommt.« Die Antwort war ein Lächeln in ihrem kranken und ausgezehrten Gesicht.

Ich fand Arbeit als Zivilangestellter bei der Verteidigungsarmee Israels. Die Arbeit war interessant, kein Tag glich dem anderen. Ich arbeitete in einem Team junger Soldaten und Armeeangehöriger. Es begannen die angespannten Frühlingstage im Mai 1967. Wieder gelobte die ganze arabische Welt, uns zu vernichten, und die ganze freie Welt blieb neutral. Der Ostblock rüstete unsere Feinde, ihre »ideologischen Brüder«, mit Waffen aus. Frankreich verhängte ein Embargo gegen Israel. Die Auslieferung von schon bezahlten und lieferbereiten Flugzeugen vom Typ »Mirage« wurde eingefroren.

Die Lage war sehr gefährlich und ernst, man konnte auf keine Hilfe vertrauen, nur auf sich selbst. Das ganze Volk war mobilisiert. Äusserlich ging das Leben leise und ruhig weiter, aber im Inneren ... Einen Ausweg gab es nicht, die Nerven waren zum Zerreissen gespannt. Und dann, am 5. Juni 1967, begann es. Sechs volle Tage, erst dann konnten sich die Nerven wieder entspannen. Die Welt konnte es nicht fassen, und unser Volk beerdigte schweigend und mit Ehrbekundungen seine Töchter und Söhne.

Die Identifizierung von Gebietskommissar Erren

Gegen Ende des Jahres 1967 erhielt ich eine Vorladung von der Polizei. Das konnte doch nicht wahr sein; sogar hier hatten sie mich gefunden. Besorgt, auch neugierig öffnete ich den Briefumschlag. Nein, das sah anders aus als die bekannten Aufgebote. Die Abteilung und der Grund der Vorladung standen diesmal darauf: Sie baten mich, mit einem Personalausweis in die Untersuchungsabteilung für Naziverbrechen zu kommen. Ich meldete mich am angegebenen Tag und wurde sofort hereingebeten. Es zeigte sich, dass die Hamburger Polizei mich eingeladen und sie mich schon in Riga gesucht hatte, jedoch nach meiner Ausreise. Der Abteilungsleiter, ein Polizeihauptmann, hielt ein versiegeltes Paket in der Hand und erklärte: »Die deutsche Justiz bittet darum, Ihnen Bilder zur Identifizierung von Gebietskommissar Erren vorzulegen. Sie sind durchnummeriert.« Er öffnete vor mir das Paket und legte die Fotos auf dem Tisch aus. »Lassen Sie sich Zeit. Wenn Sie ihn erkennen, rufen Sie mich, und wir werden ein Protokoll aufnehmen.« Mir wurde etwas zu essen und zu trinken auf den Tisch gestellt, und dann wurde ich alleine gelassen.

Ich warf einen Blick auf die Fotos. Wie sollte ich den Slonimer Gebietskommissar unter den anderen erkennen? Alle waren sie in Uniformen. Zum Wahnsinnigwerden. Es waren schon mehr als fünfundzwanzig Jahre vergangen, und ich hatte ihn ja nur zweimal gesehen. Das erste Mal bei der Arbeit in der Lagerhalle, als sich unsere Blicke für einige Sekunden getroffen hatten, das zweite Mal während der Säuberungsaktion, am 29. Juni 1942, als er meine Grossmutter – die »brennende Hexe« – erschossen hatte.

Schnell nahm ich ein Foto nach dem anderen und schaute es aufmerksam an – ich erkannte keinen. Ich begriff, welche Verantwortung auf meinen Schultern lastete. Die Vorladung bedeutete, dass sie ihn verhaftet hatten. Wenn es keine Zeugen gab oder ich versagte, käme er frei. Mir wurde heiss, obwohl es im Raum kühl war. Ich trank vom Wasser. Plötzlich blitzte ein Gedanke auf: Ich durfte nicht aufs Gesicht schauen, sondern auf die Umgebung, denn das Bild konnte nur in meiner Stadt gemacht sein, wo ich jeden Winkel, jeden Park und jede Strasse kannte, jedes Haus und jeden Vorbau. Ich begann die Fotos auszusortieren. Da war es – ich hatte es erkannt! Es war der Vorbau eines Hauses in der Zamkovaja-Strasse, wo eine jüdische Familie gewohnt hatte und sich dann der Gebietskommissar einquartiert hatte. Ich fand noch ein Bild mit dem Vorbau als Hintergrund. Es gab keinen Zweifel! Und jetzt, wo war Erren? Natürlich war er der Wichtigste, im Vordergrund. Ich kontrollierte alle Bilder nochmals. Auf den restlichen war er nicht zu finden.

Ich rief den Hauptmann und zeigte ihm die Bilder, auf welchen der Gesuchte unter einer Nummer zu sehen war. Wir erstellten ein Protokoll und klebten die ausgewählten Bilder dazu. Ich unterschrieb.

»Danke, vielen Dank! Sie können nun gehen«, sagte er. Vor dem Ausgang wandte ich mich an den Hauptmann:

»Sagen Sie bitte – wir sind doch unter uns –, habe ich den Richtigen benannt?«

»Sie habe es doch selbst gesehen: Ich habe das versiegelte Paket vor Ihnen geöffnet. Ich habe keine Ahnung. Wir werden es heute noch losschicken, und wenn wir eine Antwort erhalten, benachrichtigen wir Sie.«

Zu Hause erzählte ich Riva davon. Bei der Arbeit versammelten sich alle Kollegen und fragten mich aus. Ich hatte noch nie über alle diese Geschehnisse gesprochen, aber jetzt begann ich mich zu erinnern und zu erzählen. Ich sah, wie alle ernst und äusserst aufmerksam zuhörten. Plötzlich tauchte ich wieder aus den Erinnerungen auf und hielt inne. Für den Moment reichte es. Ich ärgerte mich über mich selbst – ich war ins Plaudern gekommen.

Das war schon in der Zeit nach dem Eichmann-Prozess in Israel, und die Leute, besonders die jungen, begannen sich zu interessieren, Fragen zu stellen. Bis dahin hatten sich die Überlebenden geniert, laut über das Durchlebte zu sprechen. Sie wurden beschuldigt, sich nicht gewehrt zu haben und wie Vieh zur Schlachtbank gegangen zu sein. Als ich nach einiger Zeit von der Polizei angerufen und mir mitgeteilt wurde, es seien genau die richtigen Fotos gewesen, freute ich mich wie ein kleines Kind. Ich hatte unter zweiundvierzig Bildern richtig gewählt.

Das Leben ging weiter, unsere Tochter beendete die zweite Klasse und korrigierte meine Fehler in Iwrit. Der Zustand von Riva verschlechterte sich zunehmend, auf die Behandlung sprach sie nicht an. Die in den Sowjetunion gestellte Diagnose bewahrheitete sich: Bindegewebeentzündung. Sie bekam Cortison, war aufgedunsen und fast blind geworden – welch ein Elend! Im Krankenhaus bat sie um Erlaubnis, nach Hause zu dürfen.

März 1969. Ein Polizeioffizier kam persönlich zu uns nach Hause. Er brachte eine Einladung nach Deutschland zur Identifizierung von Gebietkommissar Erren. Es sei sehr wichtig. Wenn ich Erren vor Ort identifizierte, könnte er dem Urteil nicht entkommen. Was nun? Ich beriet mich mit dem Kommandanten bei der Arbeit. Alle sagten: »Du musst da hin, du bist verpflichtet.« Auch Riva sagte mir: »Was man angefangen hat, sollte man zu Ende führen.«

Ich brachte sie ins Krankenhaus Tel Hashomer, unsere Tochter kam zu den Nachbarn, und ich stieg ins Flugzeug. Ich wurde von einer Psychologin, Gisela Wiese, und einer Sozialarbeiterin, Marlies Engel, abgeholt und ins Hotel gebracht. Sie meinten, ich sollte mich erst einige Tage ausruhen – es gab keinen Druck. »Nein«, sagte ich ihnen, »morgen. Ich muss so schnell wie möglich zurück.« Sie waren einverstanden.

Nach dem Frühstück gingen wir zur Staatsanwaltskanzlei. Mein Pass wurde verlangt, zur Überprüfung meiner Identität. Ich wurde gefragt, ob ich einen Übersetzer brauchte. Es kam eine sympathische junge Frau. Sie erklärte mir, dass ich jetzt in den Saal vor eine Reihe Männer geführt würde. Ich dürfe keine Fragen stellen, nur schauen. Wenn ich wüsste, wer Erren, Gebietskommissar von Slonim, sei, sollte ich auf ihn zeigen. »Haben Sie alles verstanden?« Ich bestätigte es.

Ich wurde von zwei Männern in Zivil begleitet, auf jeder Seite einer. Vor mir standen neun Deutsche. Alle schauten mich unverfroren an, als ob sie sagen wollten: Ich bin es. Ich sah sie mir an. Verzweifelt. Menschen verändern sich doch; ich hatte Erren auf dem Bild gesehen, aber persönlich war ich ihm für einen Augenblick begegnet. Seither waren siebenundzwanzig Jahre vergangen. In einer solchen Zeitspanne werden Menschen dicker, dünner, oder sie verlieren Haare – wie soll man sie da wiedererkennen, wenn man nicht mit ihnen im Kontakt steht? Aber ich musste. Ich versuchte Errens Augen wiederzuerkennen. Doch dann fiel mir ein, dass er neben mir gestanden hatte und ein bisschen kleiner gewesen war als ich. Das hiess, dass diejenigen, die grösser waren als ich oder gleich gross, nicht Erren sein konnten. Seine Körpergrösse hatte sich in dieser Zeit wohl kaum verändert.

Ich bat um Erlaubnis, näher an die Einzelnen heranzutreten. Es wurde mir gestattet. Meine Begleitung kam mit mir. Von aussen sah es aus, als betrachtete ich die Männer genau, aber in Wirklichkeit verglich ich die Grösse. Von neun kamen der Körpergrösse nach noch drei in Frage. Ich bat sie, mir direkt in die Augen zu schauen, denn ich erinnerte mich an die Augenfarbe. Ich ging vom Ersten zum Zweiten, dann zum Dritten. Ich wartete. »Gib mir ein Signal, dass du es bist!«, bat ich in Gedanken. Im Saal war es still, die Anspannung aller war zu spüren. Ich ging näher heran und bat nochmals: »Schaut mir direkt in die Augen!« Ein Augenpaar wandte sich für den Bruchteil einer Sekunde ab. Mit meinem ganzen Innern spürte ich: Er! In Gedanken kleidete ich ihn in Uniform. Kein Zweifel. Ich trat nochmals ganz nahe an ihn heran. Dann zeigte ich auf ihn und klatschte in die Hände: »Bravo, Litauer!« Das waren die Worte, mit denen Erren dem Litauer für den präzisen

191

Schuss applaudiert hatte, mit dem dieser meinen Cousin in der Aktion vom 29. Juni 1942 im Ghetto erschossen hatte.

Meine Begleiter nahmen mich am Arm und führten mich wieder an meinen Platz. Der Staatsanwalt wandte sich offiziell an mich: »Herr Shepetinski, ich bitte Sie, nochmals auf die von Ihnen verdächtigte Person zu zeigen, bei der es sich Ihrer Meinung nach um den Gebietskommissar der Stadt Slonim handelt.«

Ich zeigte auf diesen Mann. Das war's, die Folter war zu Ende. Die Männer wurden hinausgeführt, ein Protokoll wurde erstellt, und ich unterschrieb. Ärzte kamen zu mir und fragten mich nach meinem Befinden. Vor Aufregung konnte ich nicht antworten. Sie gaben mir ein Glas Wasser mit einem Beruhigungsmittel. Auf dem Weg zum Hotel fragte ich meine Begleiter nicht einmal, ob ich mich geirrt hätte. Ich schlief bis zum Abend. Meine Begleiter fragten mich, ob ich Lust auf einen Spaziergang durch die nächtliche Stadt hätte.

»Vielen Dank, aber ich möchte so schnell wie möglich nach Hause.«

Ich kam nach Hause zu meiner schwerkranken Frau und meiner Tochter, die sich Sorgen machte. Rivas Zustand hatte sich weiter verschlechtert. Ihre Schwester Miriam und eine Krankenpflegerin waren ständig bei ihr. Mich zerriss es zwischen Krankenhaus, Arbeit und unserer Tochter. Die Ärzte taten alles Erdenkliche, aber Rivas Schicksal war besiegelt. Am 14. Juni 1969 wurde mir mitgeteilt, dass meine Frau das Bewusstsein verloren habe. Schnell fuhr ich ins Krankenhaus. Gegen Mittag starb Riva. Die Krankenschwester Edna, die sie gepflegt hatte, nahm mich in den Arm und sagte unter Tränen:

»Nicht eine Frau ist hier gestorben, sondern eine Kämpferin!«

Die zielstrebige, starke Mutter und Ehefrau, die so viel durchlebt hatte, hatte uns verlassen.

Am 15. Juni 1969, genau drei Jahre nachdem wir in unserem Heimatland Israel angekommen waren, gaben wir ihr das letzte Geleit. Nach der »Shiva«, der siebentägigen Trauer, bei der Verwandte kamen, um ihr Beileid auszudrücken und mit uns Totenwache zu halten, kam die Stille. Du bist Vater und nun auch Mutter, aber das Leben ist stärker als alles andere – es geht weiter.

Lucy

Es vergingen zwei Jahre, die nicht einfach waren. Bekannte und Freunde kümmerten sich um uns, bemühten sich zu helfen. Sie beschlossen, mich mit einer Frau bekannt zu machen, Ljudmila Benediktowna. Ich bekam ihre Telefonnummer und rief an. Am 12. Januar 1971 trafen wir uns. Kaum hatte ich sie gesehen, rutschte mir heraus: »Das ist sie!« Lucy war Kinderärztin, geschieden, mit einem Sohn. Wir hatten viel Gemeinsames. Es zeigte sich, dass sie schon von meinem Schicksal erfahren hatte. Sie ging in die Schule, um Hanna zu sehen. Gleich beim ersten Treffen sagte ich ihr:

Mit Lucy, Ramat Gan, Januar 1971.

»Du musst wissen, Lucy, vor dir steht ein physisch und seelisch verletzter Mann mit einer Tochter, die fast ohne Mutter aufgewachsen ist. Materiellen Wohlstand habe ich keinen. Das Einzige, was ich dir schenken kann, ist – meine Liebe.«

Sie schaute mich an und sagte:

»Weisst du, Jascha, das ist genug ...«

Bei ihrer Anwort fühlte ich, dass es das war, was Riva sich

gewünscht hatte, und ich ihr Vermächtnis erfüllte. Am 3. März 1971, Lucys Geburtstag, heirateten wir. Und vor nicht allzu langer Zeit feierten wir, dass wir schon dreissig Jahre gemeinsam durchs Leben gegangen waren. Von einer liebevollen und fürsorglichen Mutter und Ehefrau wandelte Lucy sich zu einer nicht minder liebvollen und noch fürsorglicheren Grossmutter von sechs Enkelkindern und einem alten, »jammernden« Ehemann.

Im Sommer 1973 wurde ich nach Hamburg als Zeuge vor Gericht geladen. Ich fuhr in Begleitung meines persönlichen Arztes – meiner geliebten Frau Lucy, die immer eine Schulter zum Anlehnen bereit hatte. Ich antwortete auf alle Fragen, dieses Mal ohne Dolmetscher. In allen Einzelheiten. Das war nicht einfach, aber ich fühlte, dass es das Vermächtnis jener war, die mit einer solchen Grausamkeit umgebracht worden waren.

Ein Auszug aus dem Urteil, das vom Gericht der Stadt Hamburg gesprochen worden ist:

»Die Feststellungen über das Geschehen an der Grube beruhen im wesentlichen auf der Aussage von Jakob Schepetinsky. Seine Aussage wird von den Bekundungen der Zeugen Lelong, Moll, Graxenberger, Präg, Geltinger, Greckl, Pachaly, Achmüller, Aichinger, Dr. Kaplinski und Dr. Eilender bestätigt. Allerdings geben diese Zeugen keinen umfassenden Überblick über das Geschehen an der Grube, da sie sich teilweise nur für Augenblicke dort aufhielten, teilweise die Ereignisse auch nur aus den Erzählungen anderer kennen. Die Übereinstimmung der Bekundungen dieser Zeugen mit der Aussage von Jakob Schepetinsky ist jedoch erstaunlich. Da er im wesentlichen nur das ausgesagt hat, was auch andere, insbesondere die bei ihrer Aussage sehr zurückhaltenden deutschen Zeugen, berichtet haben, ist das Gericht von der Glaubwürdigkeit dieses Zeugen sowie der Zuverlässigkeit seiner Aussage überzeugt. [...] Der Zeuge Jakob Schepetinsky hat den Angeklagten auch aus mehreren Lichtbildern, die ihm in der Hauptverhandlung vorgelegt worden sind, richtig bezeichnet.«

STAATSANWALTSCHAFT
BEI DEM LANDGERICHT HAMBURG
DER LEITENDE OBERSTAATSANWALT

Geschäfts-Nr.: 134 AR 114-127/73
Bitte bei allen Schreiben angeben !

Hamburg, den 9. Mai 1973
Fernsprecher 34 10 9 ___673___ (Durchwahl)
Behördennetz 9.43.

Staatsanwaltschaft bei dem Landgericht Hamburg
2 Hamburg 36 · Postfach

Herrn
Jakov S z e p e t i n s k i

Eve Schorot
T e l A v i v / Israel

Sehr geehrter Herr Szepetinski !

In der Strafsache gegen die deutschen Staatsangehörigen
Gerhard E r r e n und andere wegen Mordes hat das Landgericht
Hamburg, Schwurgericht, Termin zur Hauptverhandlung anberaumt
auf

Donnerstag, den 5. Juli 1973, 9.00 Uhr,

Saal 139 im Strafjustizgebäude in
Hamburg 36, Sievekingplatz 3

und Ihr persönliches Erscheinen als Zeuge angeordnet.
Zu diesem Termin werden Sie hiermit geladen.
Ihre Reisekosten und Ihr eventueller Verdienstausfall – ent-
sprechende Belege wollen Sie bitte mitbringen – werden Ihnen
durch das Gericht nach den in der Bundesrepublik Deutschland
geltenden Bestimmungen erstattet werden.
Ein Dolmetscher der russischen Sprache wird für Sie während
der Vernehmung bereit gestellt, falls Sie nicht umgehend
bekannt geben, in anderer Sprache aussagen zu wollen.

Mit vorzüglicher Hochachtung !
In Auftrage

(W. Richter)
Oberstaatsanwalt

Im Urteil wurde auch erwähnt, dass ich den Gebietskommissar Erren auf den Fotos präzise identifizieren konnte. Interessanterweise hatte das Gericht alle Deutschen aus der Kompanie gefunden, die an jener Greueltat teilgenommen hatte. Meine Ausführungen über die Einzelheiten der Ereignisse an den Gruben stimmten erstaunlich genau mit den Aussagen der Mitglieder des Erschiessungskommandos überein. Erren wurde des gemeinschaftlichen Mordes und der Beihilfe zum Mord schuldig gesprochen. Er erhielt lebenslänglich.

Von Hamburg flogen wir zuerst nach Kanada zu meiner Schwester und kehrten dann zum gewöhnlichen Familienleben zurück. Im Oktober brach der Jom-Kippur-Krieg aus. Unser Sohn Baruch aus Lucys erster Ehe diente in der israelischen Armee. Erneut griffen Ägypten und Syrien unser kleines Land an. Schwere Kämpfe und grosse Verluste. Aber wir wissen alle, wie dieser Krieg endete. Gott sei Dank kehrte unser Sohn heil und unversehrt aus dem Krieg zurück.

Am 1. Januar 1986 ging ich in Pension. Plötzlich hatte ich viel Zeit. Zeit für die Enkelkinder, für Spaziergänge mit dem Hund, und doch blieb noch viel übrig. Lucy drängte mich: »Schreib deine Erinnerungen auf. Weder unsere Kinder noch die Enkel interessieren sich für die Vergangenheit, doch die Zeit wird kommen, da sie es bereuen, dass sie nicht gefragt und du es nicht aufgeschrieben hast.«

»Das Urteil ist endgültig, Berufung kann nicht eingelegt werden« – ich begann. Seite um Seite. Abends vor dem Einschlafen stand mir das kritische Ohr einer Ehefrau zur Verfügung. Sie war meine erste Zuhörerin und meine erste Kritikerin. Es war nicht leicht: Es war kein Roman, keine Erzählung, keine Fiktion mit dem Blick eines talentierten Schriftstellers – es war mein Leben. Und mit der Feder auf dem Papier durchlebte ich es von neuem. Vor mir erschienen die Gestalten meiner Familie, Verwandten und Kameraden, die Gesichter von Freunden und die von den Feinden. Wie viele schlaflose Nächte hatten Lucy und ich schon, und manchmal

sagte sie: »Jascha, ich rede mit dir, aber du hörst es gar nicht.«
Danke, meine teure Lucy, für deine unermessliche Geduld,
deine Beharrlichkeit und Ermutigung.

1993 fuhren wir auf Einladung der Medizinischen Fakultät
von Breslau, wo Lucy studiert hatte, zu einer Jubiläumsfeier.
Wir besuchten das Grab von Lucys Vater, Benedikt, der 1951 in
dieser Stadt gestorben war. Danach fuhren wir nach Bialystok,
spazierten durch die Stadt, und ich erinnerte mich an Esther,
meine erste Liebe. Wir gingen in Richtung Bahnhof, in dessen
Nähe ich gewohnt hatte. Wir kamen näher, ich hielt Lucys
Hand und drückte sie. Da war das Haus – und vor meinem
inneren Auge öffnete sich die Tür, und meine liebste Tante Zilja
kam heraus und begrüsste uns, als ob nichts geschehen wäre ...

Nachwort von Manfred Zabel

Die deutsche Ausgabe der »Jacobsleiter« hat eine Vorgeschichte. Im Sommer 2003 treffen sich in Deutschland zwei betagte Menschen, die als Kinder in dasselbe Gymnasium gegangen sind. Ljuba Abramowitsch aus Brooklyn, USA, begegnet Jacob Shepetinski aus Ramat Gan, Israel. Beide sind voller Lebenskraft. Nur Jacob hinkt etwas wie sein biblischer Namensvetter nach dem Kampf am Jabbok (1. Mose 32, 31). Ihre erste Heimat ist Slonim, ein kleines Städtchen mit meist jüdischen Einwohnern, das bis 1939 zu Polen und danach zu Weissrussland gehört. Beide haben die Schrecken der »Judenaktionen« wenige Tage nach dem Beginn des Überfalls der deutschen Wehrmacht auf die Sowjetunion im Sommer 1941 miterlebt und überlebt. Beide haben als Partisanen in den Wäldern von Weissrussland gegen die deutschen Truppen gekämpft.

Ljuba wurde nach 1945 in Minsk geehrt, für Jacob begann der Weg in den Gulag. Er erleidet und überlebt Hitlers Programm der Ausrottung der Juden und dann noch über dreizehn Jahre Arbeitslager und Verbannung in der Sowjetunion stalinistischer Prägung. Paradox – und unglaublich!

Nach der Entlassung aus den Lagern emigriert er nach Israel. 1966 nimmt er in Minsk Abschied von seinen Freunden, den ehemaligen Partisanen. So wird es 2003 ein bewegendes Wiedersehen, vorbereitet und organisiert vom Internationalen Bildungs- und Begegnungswerk Dortmund (IBB). Nach langen Gesprächen wird dabei die Idee entwickelt, eine deutsche Fassung der »Jacobsleiter« herauszugeben.

Sein Buch hat Jacob Shepetinski in Russisch niedergeschrieben, die hebräische, englische und polnische Fassung ist inzwischen vergriffen. Von Verlagen in Deutschland kamen nur bedauernde Absagen. »Man kann kaum glauben, dass sich die Paradoxien des 20. Jahrhunderts in einem einzigen Lebenslauf derart verdichten ... erschütternd, beeindruckend!« Aber die Verkaufserfahrungen mit ähnlich gelagerten Titeln werden als nicht ermutigend eingeschätzt.

Ob dieser Lebensbericht dazu einen Beitrag leisten kann, »endlich mit der westlichen Blindheit gegenüber dem Gulag aufzuräumen«, wie Jorge Semprun es fordert, kann offen bleiben. Eine Relativierung des Holocaust durch den Gulag ist nicht beabsichtigt. An den überwundenen Historikerstreit um die totalitären Systeme Hitler und Stalin wird nicht erinnert. Es sind die persönlichen Erinnerungen eines Zeitzeugen, nicht mehr.

Vor der Abreise nach Israel: Abschied von den Freunden und ehemaligen Partisanen in Minsk, 1966. Jacob (3. v. l.), Bubi (knieend), Ljuba Abramowitsch (6. v. l.), Benjamin Melzer, der zweite Mann von Ljuba Abramowitsch (2. v. r.).

Kommt dieser Bericht zu spät? Warum hat Jacob Shepetinski nicht früher aufgeschrieben und veröffentlicht, was er als »holocaust and gulag survivor« – so seine Visitenkarte – erzählen muss? Auf diese Frage gibt er zögernd Auskunft: In den ersten Jahren nach der Einwanderung habe der Neubeginn in einer anderen Kultur, einer anderen Sprache, einem ungewohnten Klima viel Kraft gebraucht. Beruf und die

Familie standen im Mittelpunkt. Hinzu kommen Erfahrungen, die ihn zweifeln lassen. Immer, wenn er von sich erzählt, stösst er auf Skepsis »Jacob, du übertreibst!« Er meint, dass ihn seine Zuhörer als einen der in Israel immer wieder anzutreffenden Geschichtenerzähler ansehen, bei dem sich Dichtung und Wahrheit in der Verarbeitung traumatischer Erfahrungen mischen. Gegen solche Zweifel sucht er nun anzukämpfen und sammelt Beweismaterial. 1969 war er zur Identifizierung, 1973 als Zeuge der Anklage gegen den ehemaligen Gebietskommissar von Slonim, Gerhard Erren, ins Landgericht Hamburg geladen worden.

Die Hamburger Sektion von »Pax Christi« mit Gisela Wiese und Marlies Engel betreut die Zeugen, die aus dem Ausland zum ersten Mal nach Deutschland gekommen sind und mit Furcht und Zittern das Gericht betreten.

Diese Prozessakten entdeckt er später im Archiv von Yad Vaschem in Jerusalem, in dem er als Zeitzeuge mitarbeitet. Er nimmt Kontakt auf zu einem Journalisten der deutschen Presseagentur in Israel und recherchiert die Spuren seiner Odyssee nach 1945 u. a. in den Gefängnissen von Potsdam und Torgau. Er reist nach Slonim und steht auf dem Massengrab, aus dem er sich selbst als Einundzwanzigjähriger befreien konnte. 1986 ermuntert ihn Lucy, die Ärztin und Ehefrau, seine Zeit im Ruhestand zu nutzen und alles für die Enkel aufzuschreiben, was wie ein Albtraum auf seiner Seele liegt: »Ich habe jeden Tag einige Seiten von Hand geschrieben und am Abend mit Lucy darüber gesprochen.« Schreiben wird zur Therapie und zugleich sein Vermächtnis für die Enkel, die heute wissen wollen, wie es gewesen ist.

2003 fährt der Enkel Ran seinen Grossvater durch Deutschland: Neuruppin, Potsdam, Torgau, Hamburg sind die Stationen und dann das Wiedersehen mit der Gefährtin Ljuba aus dem Gymnasium in Slonim. Jacob möchte, dass die Deutschen seinen Bericht lesen. Für die deutsche Übersetzung wird der Bericht nochmals gründlich durchgesehen, mit

Bildern und Dokumenten ergänzt. Dank dem Pano Verlag in Zürich erscheint nun die »schier unglaubliche Geschichte« eines Zeugen des 20. Jahrhunderts, der zweimal dem sicheren Tod entkommen konnte.

Als »Delegierter dieser Toten« spricht er zu Besuchergruppen in Yad Vaschem und in deutschen Schulen. Emigranten aus der ehemaligen Sowjetunion laden ihn ein in die USA. Mit einer erstaunlichen Lebenskraft macht sich der nun 84-Jährige – auf einen Stock gestützt – auf den Weg. Ein Zeuge auch dafür, dass die Mächte des Todes und der Vernichtung nicht den Sieg behalten dürfen und werden. Dass Exodus, Befreiung aus der Knechtschaft der Mächte der Finsternis geschieht. Zu Pessach/Ostern 2004 bittet er um dieses Nachwort zur deutschen Ausgabe seines Lebensberichtes.

Unglaublich, dass Jacob Shepetinski keinen Hass auf die Deutschen in sich spürt. »Der deutsche Unteroffizier Siegfried Mutz hat mir das Leben gerettet. Als ich verwundet war, hätte er mich erschiessen müssen. Er hat mich ins Ghetto zurückgeschickt und gesagt: ›Das war's, Jacob.‹ Was wohl bedeutete: Mehr kann ich jetzt nicht für dich tun.«

»Unglaublich« – dieses Leitwort hat sich Jacob schon als Schüler eingeprägt. Sein Vater war angestellt bei einem schlesischen Kaufmann. 1937 kommt der Holzimporteur nach Slonim, um dem Vater die Kündigung zu bringen und ein kleines Geschenkpäckchen. Das ungeöffnete Geschenk auf dem Bücherschrank des Vaters macht den Schüler Jacob neugierig, zumal der Holzhändler dem Vater warnend gesagt hat: »Beachte es gut, das ist sehr wichtig für euch!« Jacob hat eine Taschenausgabe von Adolf Hitlers »Mein Kampf« in der Hand. Der Siebzehnjährige liest das Buch zusammen mit vier Klassenkameraden, und gemeinsam zeigen sie, was sie gefunden haben, dem geschätzten Lehrer Zinn, bei dem sie Latein und alte Geschichte lernen. Der erschrickt, als er das Buch sieht. Er lädt die fünf Gymnasiasten zu sich nach Hause ein. Sie sitzen auf dem Teppich und hören seine Einschätzung:

»Macht euch keine Sorgen, das ist alles Unsinn! Es ist unglaublich, Hitler kann die Juden nicht ausrotten. Dazu müsste er die Zustimmung der Deutschen bekommen, die wissen, was ihnen die Juden bedeuten! Dazu müsste er ganz Europa militärisch besiegen. Dazu müsste er die in alle Gegenden verstreuten Juden in riesige Lager zusammentreiben. Das geht nicht. Deshalb: Macht euch keine Sorgen: Hitlers Programm ist unglaublich!«

Am 17. Juli 1941 wurde das Unglaubliche für Slonim Wirklichkeit. Der Lehrer Professor Zinn wird mit dem Rabbiner Fayn und dem Ingenieur Lasar Wolkowyski – Ljubas Ehemann – zu den ersten 1153 Juden gehören, die auf dem Markplatz zusammengetrieben und dann in einem Wald vor dem Städtchen erschossen werden.

Jacob ist der Einzige unter den Klassenkameraden, der überlebt und diese Geschichte 2004 so erzählt, als wäre sie gestern geschehen.

Mit Lucy vor dem Brandenburger Tor, 2003.

»Die Jacobsleiter«, ein biblischer Bezug im Buchtitel und im Namen: Im Traum sieht Jakob die Engel eine Leiter hinauf- und hinabsteigen, vom Himmel auf die Erde und von der Erde in den Himmel (1. Mose 28, 10–22).

Die Kräfte des Lebendigen und die Macht des Todes begegnen sich: eine traumatische Erfahrung und zugleich die Lebenserfahrung des »Delegierten dieser Toten«, Jacob Shepetinski, der sich wünscht, dass die Enkelgeneration seine Geschichte lesen und aufbewahren wird als Lektion für das Leben und gegen den Tod.

Manfred Zabel
Professor für theologische Anthropologie und Sozialethik in Siegen, Mitarbeiter im Vorstand des Internationalen Bildungs- und Begegnungswerkes (IBB) Dortmund und Minsk

Bücher aus dem Pano Verlag

Carl S. Ehrlich
Bibel und Judentum
Beiträge aus dem christlich-jüdischen Gespräch

Dieses Buch beinhaltet eine Sammlung von Essays, die ihren Ursprung im aktuellen christlich-jüdischen Gespräch im deutschsprachigen Raum haben. Es eröffnet einen weiten Horizont, der von der Antike bis in die Moderne reicht.
Die Beiträge sind Ergebnis fundierter wissenschaftlicher Forschungen, durch ihren leicht lesbaren Stil aber auch für ein breiteres Publikum verständlich und sie können so zur interreligiösen und multikulturellen Verständigung beitragen.

2004, 228 Seiten, Paperback
ISBN 3-907576-50-0
EUR 19.50 (D)/20.10 (A)/CHF 30.00

Adrian Wanner (Hrsg.)
Miniaturwelten
Russische Prosagedichte von Turgenev bis Charms

«Miniaturwelten» versammelt als erste Anthologie ihrer Art eine repräsentative Auswahl von etwa hundert russischen Prosagedichten. Insgesamt werden siebzehn Autoren aus dem Zeitraum von den 1880er bis den 1940er Jahren vorgestellt. Das Spektrum reicht von Ivan Turgenev bis Daniil Charms und umfasst die verschiedensten Stilrichtungen vom Realismus bis zur Avantgarde.
Die einzelnen Texte sind durch lyrische Intensität, verschrobenen Humor, oft auch provokative Simplizität gekennzeichnet. Die Anthologie macht auf bisher unbeachtete Zusammenhänge dieser sehr unterschiedlichen Autoren aufmerksam. In diesem Sinne ermöglicht «Miniaturwelten» eine Entdeckungsreise durch ein bisher wenig erschlossenes Gebiet der russischen Literaturgeschichte.

2004, 216 Seiten, Paperback
ISBN 3-907576-73-X
EUR 17.50 (D)/18.00 (A)/CHF 28.00

Tumasch Dolf
Meine Geige
Erzählungen
Übersetzt aus dem Sutselvischen von Huldrych Blanke
Mit sieben Zeichnungen von Menga Dolf

Tumasch Dolf darf zu Recht als eine der originellsten Persönlich-
keiten der Sutselva, des kleinen rätoromanischen Kulturkreises am
Hinterrhein, bezeichnet werden. Seine Prosa steht in der mündlichen
Erzähltradition des Schams. Besonders ansprechend ist sie dort, wo er
in unmittelbarer Weise aus Selbsterlebtem – vor allem Erlebnissen
aus der Jugendzeit – berichtet, wie etwa die Geschichte seiner Geige
oder die Expedition nach Andeer, um sich fotografieren zu lassen. Die
hier erstmals in deutscher Übersetzung gebotene Auswahl der
«Istorgias» ist eine Entdeckung für Liebhaber von Erzählungen – und
zum Vorlesen geeignet.

2004, 128 Seiten
ISBN 3-907576-71-3
EUR 14.80 (D)/15.30 (A)/ CHF 24.00

Urs Meier
Die Wörterkathedrale
Roman

Eine Wörterkathedrale nennt der Büchernarr Felix Lang das giganti-
sche Encyclopa, bei dem Tonia Mende als Wissenschaftlerin und pro-
minente Topmanagerin tätig ist. Zwischen dieser Hightech-Welt und
einer vom Zerfall bedrohten gotischen Kathedrale sind die Menschen
mit ihrem verborgenen und verdrängten Inneren ebenso beschäftigt
wie mit den Anmaßungen des globalisierten Fortschritts.
Was die Stränge und Schichten der Erzählung zu einem Ganzen fügt,
ist die Suche nach Wahrheiten. Die Figuren betreiben diese Suche teils
widerstrebend, teils besessen. Man folgt ihnen unangestrengt – mit
wachsender Sympathie und steigender Spannung.

2004, 176 Seiten, Hardcover mit Schutzumschlag
ISBN 3-907576-75-6
EUR 21.00 (D)/21.60 (A)/CHF 32.00